MARCO POLO

# Camper Guide Südnorwegen

Insider-Tipps

Für deine Wohnmobil-Touren

in Zusammenarbeit mit

Martin Müller

# Inhalt

## Das Beste zuerst

Insider-Tipp

- Serviceangaben
- Parkplatz
- Fototipp
- Hunde willkommen
- kinderfreundlich
- schöne Lage

€ – €€€ Preiskategorien

## Planen – Packen – Losfahren



Hol dir den Soundtrack zum Urlaub auf **Spotify** unter **MARCO POLO Norway**

# Die besten Touren durch Südnorwegen

# MARCO POLO Digitale Extras

**TOUREN-DOWNLOAD**

Alle Touren aus diesem Band als gpx-Download zur einfachen Orientierung

marcopolo.de/camper-guide/suednorwegen

Trendziele, Inspiration und aktuelle Infos findest du auf **marcopolo.de**

Du findest uns auch auf Instagram und Facebook!

## PLAYLIST ZUM ROADTRIP

**Den Soundtrack für deinen Urlaub gibt's auf Spotify unter MARCO POLO Norway**

Code mit Spotify-App scannen

Alle Infos zum digitalen Angebot unter
**marcopolo.de/app**

# Best of Campingplätze

GEZEITEN-WATCHING

Geht bestens am Refviksanden Camping auf der Insel Vågsøy

## 1 *Hochgebirge für Aktivkraxler*

Am preiswerten Stellplatz der **Spiterstulen Turisthytte** auf 1100 m Höhe wirken die höchsten Berge immer noch sehr entrückt. Jotunheimen, das „Land der Riesen", verströmt eine magische Atmosphäre. Die Berghütte bietet nicht nur Schutz vor Wetterunbill, sondern auch Gastfreundschaft sowie hervorragende Menüs und Lunchpakete. Von hier aus kannst du die beiden höchsten Gipfel Norwegens besteigen. ▶ S. 87

## 2 STRAND FÜR GENÜGSAME GAMMLER

Eigentlich ist der Campingplatz **Refviksanden** auf der Insel Måløy spartanisch. Doch gerade deshalb ist das Stehen am weltfernen Strand Camperglück pur. Im Sommer kommen Insulaner raus, man spielt Beachvolleyball oder vertrödelt den Tag mit dem Beobachten der Gezeiten. Ein ideales Plätzchen, um ein, zwei Tage zu faulenzen, mit Neoprenanzug zu schwimmen oder die umliegenden Hügel zu erwandern. ▶ S. 107

## 3 Familien-Lounge am Gletschergebirge

Am Campingplatz **Melkevoll Bretun** bist du zwar umstellt von Bergen, Wasserfällen und Eis, fühlst dich aber kein bisschen klaustrophobisch, wenn du beim Essen staunend durch die Panoramafenster blickst. Während du in der Sauna zerfließt, turnen die Kinder auf dem Boulder-Parcours herum. Alles in allem einer der schönsten und stimmungsvollsten Campingplätze in Südnorwegen. ▶ S. 127

## 4 AM BILDERBUCH-FJORD ANGELN UND ERNTEN

Bevor du im Abendlicht am famos gelegenen **Geirangerfjorden Feriesenter** den selbst gefangenen Fisch auf dem Grill gewendet hast, warst du tagsüber schon mit dem Seekajak an Wasserfällen, hast Muscheln von himmelhohen Wänden geerntet und Rotbarsch am Haken gehabt. Auf diesem tollen Zeltplatz erreichen dich auch die allerletzten Sonnenstrahlen im Fjord. ▶ S. 131

## 5 Basislager für Kunstsinnige

Da Oslo neuerdings mit Kultur und Architektur klotzt, kannst du auch gleich mittendrin kampieren. **Ekeberg Camping** liegt ländlich auf einem mit Skulpturen gespickten Waldhügel. Dein Spaziergang vorm Frühstück wird zur Schnitzeljagd nach dem Who's who moderner Bildhauerei. Nach wenigen Minuten erreichst du etwa die beweglich zwischen Bäumen aufgehängte Aluminium-Skulptur *The Couple* von Louise Bourgeois. Durch den Wald steigst du in die Stadt hinab – vorbei an mehreren Dutzend Werken berühmter Künstler. Der Campingplatz ist zwar nicht gerade preiswert, aber es lohnt sich, denn er ist ein perfekt gelegener Ausgangspunkt für die ausgiebige Erkundung der norwegischen Hauptstadt. Es gibt sogar einen Bus, der dich in 8 Minuten ins Zentrum bringt. ▶ S. 189

# Entdecke Südnorwegen

LANDSCHAFTSBALKON

Die Trollstigen-Aussicht ist eine der spektakulärsten des Landes

Wochenlang sitzt du am Lenkrad – begeistert! Die norwegischen Straßenbauer sind wegbereitende Magier, die der von Fjordfurchen und schieren Steilwänden zerknüllten Natur Gradlinigkeit abringen. Über- und unterirdische Straßen machen das Land erst erfahrbar. Die Region Fjordland trotzt mit abrupten Gebirgen dem Atlantikwetter. Rollst du bei Sonne in einen der 1000 Tunnel, kann der dich am Ende in einen Regenschwall ausspeien, als würdest du in einen Wasserfall fahren. Dem Spektakel entronnen, versinkst du in Fjordruhe oder der Mückentanzstille alpiner Hochebenen.

### *Naturbewegte Nordländer*

Handy aus und raus ins Freie – Norweger wissen, wie man aktiv genießt. Sie haben aber auch kaum eine Wahl, denn bei so viel Natur im Überfluss ist der Gang vor die Tür ein Muss und wird regelrecht zum Lebenssinn. Folgerichtig hat die Bewegung an der manchmal sehr frischen Luft auch einen Namen – *friluftsliv*, Freiluftleben. Man erstarrt jedoch nicht in Ehrfurcht vor der kolossalen Berg- und Tallandschaft, sondern wandert, klettert, paddelt im Sommer, der vielerorts nur drei Monate dauert. Im Winter laufen Norweger Ski, fischen durch Löcher im Eis und flitzen mit Schneemobilen über den Zugewinn an Fläche, den die gefrorenen Seen bieten. Schnee ist das beliebteste Parkett für das *friluftsliv*, hellt stockdunkle Wintertage auf und macht die Einheimischen zu selbst erklärten Glückspilzen. Von Winterblues oder -schlaf keine Spur. Ein Autor schrieb einmal: „Norwegen ohne Schnee ist wie Hawaii ohne Palmen".

### HERRLICHE HOLZKIRCHEN

Als man im Rest Europas gotische Kathedralen aus Stein baute, erschufen norwegische Baumeister einzigartige Holzgotik. Vom 11. bis 14. Jh. entstanden etwa 1000 sogenannte Stabkirchen in brillantester Holzarchitektur. Draußen türmten sich immer kompliziertere Pagodendächer auf, drinnen geriet die fensterlose Andacht düster und die Motive der fabelhaften Ornamentik sind nicht immer christlich. 31 Stabkirchen sind heute noch erhalten.

### *Mehrsprachiges Schweigen*

Norweger sind eher wortkarg, gönnen sich aber zwei Sprachvarianten. Das aus Dialekten geformte Nynorsk und das aus dem Dänischen umfrisierte Bookmål sind gleichberechtigt. Der Buchstabe å ersetzt das dänische aa – und steht am Ende des Alphabets. Nynorsk hat kürzere Wörter und gilt als Bühnensprache, meist wird dir also Bookmål begegnen.

## *Ölreichtum mit Gewissensbissen*

Warum ist Norwegen so reich? Und weshalb hat dieser Luxus einen leicht bitteren Beigeschmack? Bei der Aufteilung der Nordsee sicherte man sich den eigenen Sockel und damit Bodenschätze. Das seit fünf Jahrzehnten geförderte Öl gehört deshalb Norwegen und nicht ausländischen Investoren. Der von seinen Nachbarn lange belächelte Ex-Bauernstaat investierte schlau in Ingenieurwesen. Seit 1996 fließt das Ölgeld in einen Fonds, aktuell gut 1,3 Billionen Euro schwer. Man nutzt selber ökologisch korrekt Wasserkraft, fördert Naturschutz, aber zugleich auch Öl und Gas für den Export. Ergebnis ist ein (etwas) schlechtes Gewissen.

## AUF EINEN BLICK

**5,4 Mio.**
*Einwohner* (Norwegen)
[Deutschland 83,2 Mio.]

**385.207 km²**
*Fläche*
[Deutschland 357.021 km²]

99 Prozent
*Stromerzeugung aus Wasserkraft*
[Deutschland ca. 79 % erneuerbare Energien]

*Wärmster Monat*
**Juli**
[Ø Höchsttemperatur: 22 °C]

40
**NATIONALPARKS**
[Deutschland 16]

**ANZAHL DER VERKEHRSTUNNEL**
über 900

*Höchster Berg*
**2469 m**
**Galdhøpiggen**

**29.000 km**
**KÜSTENLÄNGE OHNE INSELN**
[Deutschland 2400 km]

**498**
**SKISPRUNGSCHANZEN**

## CLOUDSPEICHER-ENERGIE

Speicherorte für enorme Datenmengen sind Norwegens Zukunftsinvestition. Seit 2018 ist das Land ein heiß umworbener Standort für die Ansiedlung von Untertage-Rechenzentren – mit Fjordwasserkühlung. Im Überfluss erzeugter Ökostrom wird vor Ort veredelt, Google, Microsoft, VW kommen nach Norwegen. Dazu verbessern drei Untersee-Glasfaserkabel die Konnektivität mit den USA und Europa.

---

## *Scheue Elche*

Großes Land, kaum Menschen: Das spräche für viele Wildtierbegegnungen. Doch weit gefehlt, Wölfe und Braunbären gibt's sehr wenige. Mit Glück könntest du allerdings einem der etwa 200 000 meist gut getarnten Elche begegnen. Bejagt werden sie im Herbst und kommen mit Wildbeeren auf den Teller.

## *Zwölf Wege zur Landschaftsmeditation!*

Wie wertet man eine famose Gegend aus Fjorden, Wasserfällen und Bergen so auf, dass Reisende sie gezielt erleben? In den 1990er-Jahren holten sich Straßenbauer, Architekten und Landschaftsplaner in Europa Inspirationen für ein Riesenprojekt. Mit der Zeit kamen internationale Künstler hinzu und es entstand ein Konzept aus 18 Landschaftsrouten mit etwa 250 Kunstwerken. Die Haltepunkte der Routen, darunter Aussichtsplattformen am Trollstigen, Design-Toiletten oder ein Mahnmal für Hexentötungen in Vardø von Louise Bourgeois, gewannen internationale Preise. An lokalen Konzepten sind auch die Gemeinden beteiligt. Die etwa vier Milliarden NOK für über 1600 km kamen aus dem Verkehrsministerium. Ein Dutzend Routen befährt man in Südnorwegen – eine kühne und meditative Symbiose aus Natur und Kultur.

**ACHTUNG, ELCHE**

**Die Tiere sieht man meist nur auf Verkehrsschildern**

# Essen & Trinken

**GOURMETBURGER NORGE-STYLE**

Natürlich mit Elchfleisch und Preisselbeeren

Norweger essen daheim, besonders außerhalb der großen Zentren. Als Womo-Nomade tust du es ihnen gleich und speist in deiner Bordküche, da gute Restaurants auf dem Land rar sind. In Supermärkten stockst du lecker auf, an Tankstellen und auf Fähren kannst du dich mit dem typischen *Pølser*-Hotdog oder Waffeln mit Marmelade stärken. Entlang dieses Fastfood-Pfads locken Gourmet-Oasen: *Landhandleri* heißen Spezialitätenshops mit lokalem Käse, Sauerteigbrot, geräuchertem Fisch, Wurst und Fleisch, dazu Fjordobst und Beerenkonfitüren.

# *Ein Land für Gourmets?*

Natur satt, aber Esskultur auf Sparflamme? Unterwegs ist die Gourmetsuppe dünn, denn du triffst auf wenige tolle Lokale oder Cafés. Allerdings ist solche Schonkost für die Reisekasse gesund. Das Ersparte verjubelst du dann an raren, aber exquisiten Gourmet-Stopps. Egalitär statt elitär, unprätentiös und verspielt seien Norweger, befindet der Küchenkritiker der *New York Times*. Statt sich in Raffinesse zu versteigen, brilliert die lokale Küche mit frischen Zutaten aus Meer und Flur. Die kurze Wuchssaison gepaart mit langen Tagen im milden Golfstromklima intensiviert so manche Aromen, etwa die vom Obst des Hardangerfjords. Inzwischen trauen sich Köche zwischen Oslofjord und Bergen, Rotkohl mit Himbeeren, Fisch mit Apfelsauce oder Rhabarberpudding mit Basilikum zu kombinieren.

---

## *Trockenfisch & Lammkopf*

Ein Grund, warum die Norweger den Winter herbeisehnen, sind klassische Gaumenfreuden, die besonders zur dunklen Jahreszeit aufgetischt werden. Diese Kost geht zurück auf jene Zeiten, als auf schwer zugänglichen Bauernhöfen über Fjorden Fisch, Lamm und Kohl gepökelt, gesalzen, geräuchert und getrocknet werden mussten. *Lutefisk*, *smalahove*, *råkfisk* und *pinnekjøtt* – in Lauge gewässerter Trockenfisch, gesalzener, geräucherter Lammkopf, in Salzlake fermentierte Forelle und gepökelte, geräucherte Lammrippchen – sind schräge Oldies, die auch in Restaurants serviert werden. Die Beilagen machen insbesondere den in Lauge konservierten, etwas müde mundenden Stockfisch tatsächlich spannend: Man peppt ihn mit Senf, Kapern, Oliven, sauren Gurken, Kohlrabimus und vor allem Erbsenpüree auf. Verdauen lässt sich so ein geselliger Abend bestens mit einem Akvavit.

## NATIONALBREI RØMMEGRØT

Das bäuerliche Urgericht ist eine mächtige Speise, weil Sauerrahm und Mehl zu Brei zusammengekocht werden und ausschwitzendes Fett wieder zugefügt wird. Zur Grütze gibt's Beeren und Fruchtsirup, Zimt und Zucker oder aber Schinken und Flatbrød. In Norwegern löst der Ruf „*Rømmegrøt er klar!* – „Rømmegrøt ist fertig!" – ein Eintauchen in alte Zeiten aus. Vereint im Familienkreis schlemmt man und spürt Natur und alte Kultur.

---

## *Die Welt ist eine Wurst*

Ohne Wurst ist der norwegische Tag nicht komplett. *Grillpølser* heißt sie gegrillt, *wienerpølser* ist die gebrühte Variante. *Pølser med lomper* ist das volle bunte Programm: ein Kartoffelmehlfladen, dazu süßer Senf plus Ketchup, getoppt von *sprød stekt løk*, frittierten getrockneten Zwiebeln. Alles steckt in einem Brötchen.

## MENÜKARTE

### Frühstück

**Havregrøt**
Warme Hafergrütze mit Beeren

**Brunost & syltetøy**
Brauner Molkekäse mit Marmelade auf dünnem Knäckebrot

**Røkt laks**
Geräucherter Lachs mit Rührei

### Lunch (lunsi)

**Smørbrød med reker røkt ørret**
Sandwich mit Garnelen und Räucherforelle

**Rømmegrøt**
Sauerrahmgrütze aus Mehl und Milch, süß oder herzhaft

### Getränke

**Akvavit**
Eiskalt servierter, mit Kümmel versetzter Branntwein

**Øl (Bier)**
Die noch junge Craftbier-Revolution hat etwa 130 Mikrobrauereien hervorgebracht.

### Dinner (middag)

**Pinnekjøtt**
Gepökelte Lammrippchen

**Fårikål**
Eintopf aus Schafsfleisch, Weißkohl, Pfefferkörnern, mit Kartoffelbeilage – Nationalgericht

**Kveite med sjøkrepssaus**
Heilbutt mit Krebssauce

**Ishavsrøye med hollandaise-saus**
Arktischer Saibling mit Sauce Hollandaise

**Bønnegryte**
Bohnensuppe

**Fiskesuppe**
Fischsuppe

### Desserts

**Moltekrem**
Moltebeeren mit Schlagsahne

**Tjukkmjølk**
Aus der traditionellen nicht homogenisierten Sauermilch wird mit Sahne ein Formpudding hergestellt.

## FILTERKAFFEE UND DIESEL

Kaffee ist das Lieblingsgetränk der Norweger – am liebsten mit einer Zimtschnecke gepaart. Viele große Tankstellen haben besondere Kaffee-angebote (*kaffeavtale*): Kaufst du ihren Thermobecher, bekommst du während deiner ganzen Tour an diesen Tankstellen den Kaffee umsonst. Andernorts bezahlst du die erste Tasse, Nachschenken ist umsonst (*påfyll*).

## In Hofläden shoppen

Ökotourismus wurde in Norwegen 2005 offiziell als Projekt gestartet. Darunter fallen auch die besonders in Südnorwegen aufblühenden Hofläden, norwegisch *landhandleri* oder *gårdsbutik* genannt. Das kann ein alter Bahnhof sein, eine Bäckerei, ein Restaurant mit Regalen voll örtlicher, meist ökologisch hergestellter Köstlichkeiten. Folgende Website listet sie: *hanen.no/de/utforsk/32HANEN*

## Käse in Braun und Blau

Quasi mit der Muttermilch wird den Norwegern nicht nur der Molkenbrei *rømmegrøt*, die wohl älteste warme Mahlzeit des Landes, eingetrichtert, sondern auch der karamellig-salzig schmeckende Molkenkäse *brunost*. Am pointiertesten schmeckt der mit dem Käsehobel portionierte braune Laib, wenn er aus Ziegenmilch hergestellt ist. Die Einheimischen essen ihn besonders gerne mit Marmelade. Kauf ihn am besten direkt im Landhandel. Viel neuer sind oft ökologisch hergestellte Milchprodukte wie die Dickmilch *tjukkmjølk* aus Røros. Idealerweise isst du sie mit dem klassischen Kartoffelfladen *lefse*. Diese neue Art der Käserei wurde von Zisterziensermönchen und einer zugezogenen Französin eingeführt. Mit dem Erfolg, dass bei den World Cheese Awards 2023 der Blauschimmelkäse Nidelven Blå der kleinen norwegischen Käserei Gangstad Gårdsysteri zum besten Käse der Welt gewählt wurde.

**ÄPFEL IM GLAS**

**Neben Schnaps und Bier trinkt man in Norwegen Cidre**

# Trend- & Funsport

FAMILIENSPASS

Rafting im Fluss Sjoa und in Gletscherabflüssen

## Seekajak & Rafting

*Wann?* Mai–September

*Wo?* Oslo, Bergen, Ålesund bieten spannende urbane Paddelei, Geiranger-, Hardanger- und Sognefjord grandiose Fjordlandschaft. Der Jostedalsbreen-Nationalpark lockt mit geführten Touren auf Gletscherseen.

*Wie?* Auf eigene Faust braucht man die sogenannte„Nasskarte" *våttkort*. Im Juli/August geführte Touren besser im Voraus buchen. **Infos:** *visitnorway.de/aktivitaten/freie-natur/kanu-kajak*

## Wandern

*Wann?* Mai–Oktober

*Wo?* Wandern bedeutet meist Bergwandern, die Anstiege sind oft steil. Höhenstraßen wie die über das Sognefjell haben viele Wanderparkplätze für weniger steile Pfade oberhalb der Baumgrenze. Klassiker sind der Weg zum Preikestolen und der Bessegen-Grat.

*Wie?* Regenbekleidung und knöchelhohe Schuhe. **Infos:** *visitnorway.de/aktivitaten/freie-natur/wandern*

## Angeln

**Wann?** Lachs Juni–August, Meerforelle April–September, in Binnengewässern ganzjährig inklusive Eisfischen

**Wo?** In Flüssen und Seen fangen Fortgeschrittene Forelle, Äsche, Renke, Saibling und ab Juni Wildachs. Vom Meeresufer aus angelst du Plattfische und Makrelen, weiter draußen Dorsch. Als Nichtangler kannst du es vom Kajak aus versuchen, etwa im Geirangerfjord. Erkundige dich vorab im Postladen oder auf Campingplätzen, wo du oft auch bezahlen kannst. Der deutsche Angelschein bleibt daheim. **Infos:** *fiskeravgift.miljodirektoratet.no*

**Wie?** Für Süßwasser brauchst du den örtlich verkauften Angelschein (*fiskekort*), zum Fischen auf Lachs und Meerforelle zusätzlich einen Fischereischein (*fiskeravgift, ab 312 NOK*).

## Via Ferrata

**Wann?** Mai–September

**Wo?** Klettersteige sind angesagt – eine gewisse Ausdauer vorausgesetzt. Als Anfänger empfiehlt sich eine geführte Tour. Toll ist die geführte leichte Introtour in Åndalsnes (*3–4 Std. Steig- und Rückwegwanderung | ab 12 J. | tindesenteret.no/side/viaferrata &lang=de*). Von leicht bis schwer/extrem reichen die Routen in Loen (*s. S. 125, ab 14 J. | loenactive.no/de/aktivitaten/viaferrata*). Die leichte Tour am Wasserkraftmuseum in Tyssedal bei Odda informiert auch über die Anfänge der Kraftwerkindustrie (*ab 12 J. | trolltunga-active.com/tyssedal-ferrata*)

**Wie?** Du wirst auf den 2–5-stündigen Touren geführt und ausgerüstet. **Infos:** *visitnorway.de/aktivitaten/freie-natur/klettersteige*

**KRAXELHELDEN**

**Es gibt eine ganze Bandbreite von Klettersteigen von leicht bis schwer**

# Die besten Touren durch Südnorwegen

LINKS DER FJORD
In Norwegen führen viele Straßen an Traumfjorden entlang

# Alle Touren im Überblick

North Sea

50 km

Von Måloy nach Ålesund
E
Von Åndalsnes nach Lillehammer
F
Von Bergen nach Ålesund
D
C
Von Eidfjord in die Nationalparks Jostedalsbreen und Jotunheimen
B
Von Stavanger nach Bergen
G
Von Lillehammer nach Oslo
A
Von Kristiansand nach Stavanger
Norge
Molde
Sunndalsøra
Oppdal
Røros
Ålesund
Åndalsnes
Fosnavåg
Ulsteinvik
Ørsta
Volda
Hjerkinn und Dovrefjell
Tynset
Geiranger
Måløy
Nordfjordeid
Stryn und Nationapark Jostedalsbreen
Lom und Nationalpark Jotunheimen
Otta
Vinstra
Førde
Gjendesee und Nationalpark Jotunheimen
Balestrand
Solvorn und Nationalpark Jostedalsbreen
Sogndal
Lillehammer
Fagernes
Moelv
Gjøvik
Dokka
Raufoss
Stange
Gol
Vossavangen
Knarvik
Straume
BERGEN
Eidfjord
Gran
Råholt
Osøyro
Hønefoss
Jessheim
Odda
OSLO
Vikersund
Rjukan
Asker
Leirvik
Hokksund
Ski
Drøbak
Kongsberg
Svelvik
Ås
Sauda
Notodden
Holmestrand
Kopervik
Horten
Bø
udeneshavn
Skien
Fredrikstad
Brevik
Larvik
Jørpeland
Stavanger
Ålgård
Bryne
Risør
Tvedestrand
Egersund
Grimstad
Flekkefjord
Vennesla
Lillesand
Lyngdal
Farsund
Kristiansand
Mandal
E 136
E 6
E 39
E 16
E 134

**DÜNENBLICK**

Mit dem Womo am Sola-stranden bei Stavanger

# Küstenkontraste im sonnigen Süden **Von Kristiansand nach Stavanger**

Nach Fährankunft und Stopp in Kristiansand rollst du flott auf der E 39 gen Westen. In malerischen Orten an zerklüfteter Südküste tauchst du in mediterranes Flair ein und testest das Badewasser. Dann kurvst du im rustikal-gebirgigen Südwesten durch einen geologisch reizvollen Magma-Geopark. An der Westküste triffst du auf die Nationale Landschaftsroute Jaeren, die dich entlang herrlicher Nordseestrände durch flache Weite, saftige Weidegründe und vogelreiche Feuchtgebiete ins propere Stavanger führt.

# Tour A im Überblick

Stavanger
Seite 38

Randaberg

Jørpeland

Lysefjorden

2

Hommersåk

Forsand

Sola

Sandnes

Borestranda

E 39

Oltedal

Ålgård

Orrevatnet

Orrestranda

Pollestad

Undheim

Obrestad Fyr

Varhaug

Vikeså

Vigrestad

Kvassheim Fyr

E 39

Sirevåg

Hellvik

Egersund

Hauge

Gehöft Helleren i Jøssingfjord und Magma Geopark

Åna-Sira

Nordsjøen

## Tour-Highlights

Zu den *Gletschertöpfen des Brufjell* wandern ▶ **S. 29**

Am *Orrestranda*, dem längsten Sandstrand, herumtollen ▶ **S. 31**

Die frappierende Architektur des *Kilden* fotografieren ▶ **S. 35**

Auf dem *Preikestolen* in Fjord-Abgründe blicken ▶ **S. 39**

Im *Norsk Oljemuseum* in alte Taucherwelten schlüpfen ▶ **S. 39**

# Tourenverlauf

Start & Spot 1

## Kristiansand

Mini-Metropole der Südküste mit dramatischem Kulturhaus ▶ S. 34

**42 km** Nach der Fährankunft von Hirtshals/Dänemark und einem Aufenthalt in Kristiansand brichst du nach Westen auf. Such den Einstieg in die E 39, die du direkt an den Fähranlegern in Kristiansand aufnimmst. Der Abschnitt von Kristiansand nach Mandal ist teilweise als Autobahn mit einer für Norwegen rasanten Höchstgeschwindigkeit von 110 km/h ausgebaut. Du bist viel schneller unterwegs als über die kurvigen Routen entlang der Küste und wendest dich dieser erstmals beim hübschen Küstenörtchen Mandal zu. Bei der Straßenquerung des Flusses Marna folgst du dem Hinweis „Sentrum". Biege dort nach links auf den Marnaveien ab und folge dem Nordufer des Flusses durch zwei Kreisverkehre.

## Mandal

Südküsten-Flair mit alten weißen Holzhäusern in ruhigen Sträßchen. Flaniere hindurch und lass dich am Fluss entlang und durch den Fritjof Nansens Vei bis zu einer mit modernen, lichten Gebäuden bebauten Landspitze treiben. Dahinter findest du Natur pur in Form der großen Strandsichel Sjøsanden. Gelegenheit zum Baden.

**P** *Im zweiten Kreisverkehr die zweite Ausfahrt nehmen und parken.*

**30 km** Jetzt entfernst du dich von der Küste und rollst durch eine waldreiche Region auf der gut ausgebauten E 39. Im Örtchen Vigeland nimmst du an einem Kreisverkehr mit putzigem Leuchtturm den Abzweig nach rechts Richtung Lindesnes Fyr und folgst nun der ausgeschilderten Fv460. Kurz danach schlägt diese einen Haken nach links über eine kleine Flussbrücke. Du fährst zunächst flussabwärts, danach schlängelt sich die einspurige Straße an maritimen Aussichten vorbei bis zum kleinen Flecken Spangereid, wo die zerklüftete Halbinsel Lindesnes am Festland klebt.

## Lindesnes-Halbinsel

Zwei Gründe für einen Stopp in Lindesnes: Als Leuchtturmsammler fährst du nach dem Spangereid-Kreisverkehr nur noch 12 km weiter auf der Fv460 zum ältesten und südlichste Festlands-Leuchtturm Lindesnes Fyr.

Ein ziemlicher Magnet für Wohnmobilisten, die auf dem großen Parkplatz auch übernachten *(€€, schön, aber weder Strom noch Duschen)*. Oder du nimmst die Ausfahrt nach Båly und stehst nach 1 km im neuen Sportboothafen Kragerø *(Stellplatz €€)* vor einer Art großem Container, der schräg ins Meer abgerutscht scheint. Die berühmten Snøhetta-Architekten haben das echt schräge Restaurant Under (Norwegisch für Wunder) hier verankert. 40 Gäste können so 5 m unter Wasser mit blaugrüner Meeressicht speisen. Trotz des sehr teuren Tasting-Menüs *(250 € plus 160 € für die Weine)* musst du lange vorher buchen *(exploretock.com/under)*. Ein Foto von der witzigen Architektur zu schießen, kostet nix.

**P** *Am Leuchtturm und in Restaurantnähe*

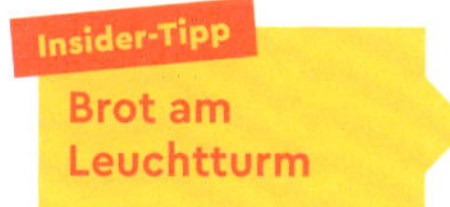


*Handgemachte Zimtschnecken und Sauerteigbrot für die Bordküche verkauft von Juni bis August die Backstube Bakerovnen.*

**55 km** Zurück am Ortseingang von Spangereid folgst du dem Wegweiser nach Lyngdal. Bis dorthin ist die schmale Fv401 so kurvenreich, dass dem Beifahrer mulmig werden kann. In der kleinen Kommune Lyngdal biegst du entsprechend der Wegweisung nach Flekkefjord über die Fv464 ab. Die wiederum stößt nach kurzer Fahrt wieder auf die breitere E 39 mit Hinweis Flekkefjord.

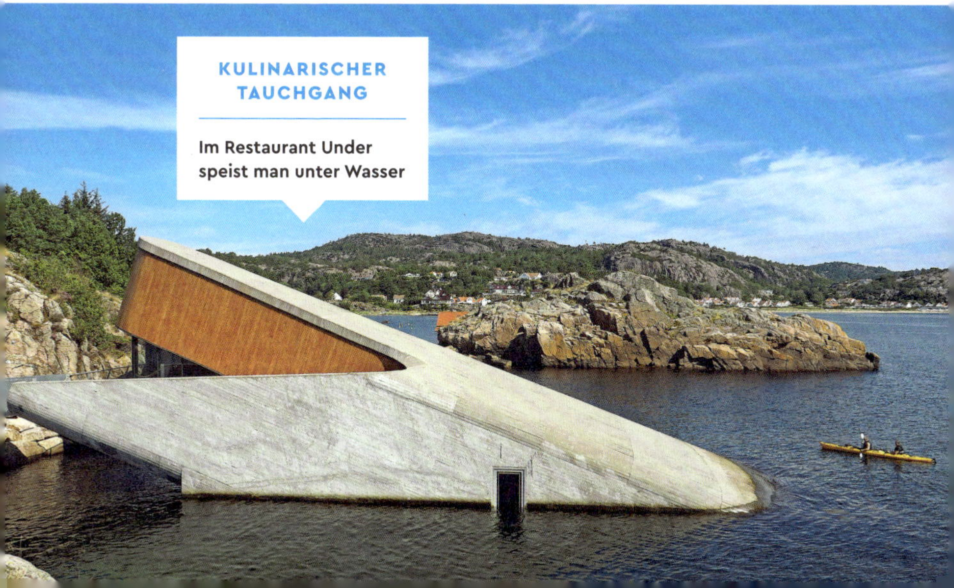

**KULINARISCHER TAUCHGANG**

**Im Restaurant Under speist man unter Wasser**

**DORF, FJORD, FLUSS**

**Das malerische Åna-Sira von der alten Brücke fotografiert**

## Flekkefjord

Das funkelnde Städtchen am Meer wird von zwei Gewässern eingefasst. Noch idyllischer als von deinem Parkplatz am Byfjord sind die Ausblicke auf den Grisefjord nur 15 Gehminuten nach Norden. Ans Ufer schmiegen sich die Gassen und schmucken Holzhäuser der Holländerstadt, deren Name an intensiven Handel mit Holland vor über 300 Jahren erinnert. Das Flanieren dort vermittelt ein Gefühl von Dolce Vita in Südnorwegen. Populär ist das Fahren mit einer Fahrrad-Draisine: 17 km Schienenfahrt durch 17 Tunnel *(Mai–Sept. 12 und 16 Uhr | Familie 700 NOK | flekkefjord banen.com)*

**P** *Am Discounter Rema 1000 am Hafen parkst du gebührenpflichtig, nachts umsonst. Ein Stromanschluss kostet wie für die Boote nur 50 NOK (GPS 58.292898, 6.663165).*

**19 km** Vom Parkplatz fährst du zur Kreuzung am Rema 1000 und biegst nach rechts in den Jernbaneveien bis zur Shell-Tankstelle, wo du nach links abbiegst und dem Straßenverlauf zum Ortsausgang folgst. Du befindest dich auf der schmalen Fv44, die dich schnell um den Byfjord herum in eine Landschaft mit Ausblicken auf kleine Seen führt. Es gibt immer wieder kleine Parkmöglichkeiten.

## Åna-Sira und Brufjell

Zum einsamen Flecken Åna-Sira überquerst du eine einspurige Brücke, hältst kurz dahinter und gehst ans andere Brückenende zurück für ein Foto. Ganz kurz vor dem Erreichen des Brückchens kannst du einen 3–4-stündigen Wanderabstecher machen. Dafür biegst du am Hinweisschild „Roligheten" zu diesem malerischen Ort nach links ab und kommst nach schmalen 1,5 km zu einem großen Wanderparkplatz. Von hier läufst du einen meist mittelschweren, stellenweise zu kraxelnden Bergpfad zu den Brufjell-Gletschertöpfen mit einem grandiosen Felsdurchblick 15 m überm Ozean. Die Traumwanderung ist auch wegen der Fotostunts bei den Steintrögen beliebt.

i *Schilderung der Wanderung: fraeulein-draussen.de/wanderung-brufjell-hoehlen-suednorwegen*

*Über den Sira-Fluss hinweg verdichtest du Vordergrund, Fluss, Ort und Bergwände zum tollen südlichsten Fjordambiente Norwegens.*

**12 km** Die Fv44 wird gebirgig und kurvenreich. Nach einigen Serpentinen liegt plötzlich der Jøssingfjord vor dir. An seinem Nordende stoppst du auf einem Parkplatz am kleinen Kraftwerksgebäude.

## Gehöft Helleren i Jøssingfjord und Magma Geopark

Vom Parkplatz gehst du in Richtung Fjord und stößt sofort auf zwei alte Häuser aus dem 19. Jh. Sie ducken sich malerisch in den Schutz einer enormen Felsüberdachung. Hier stand wohl bereits vor 500 Jahren ein völlig einsames Gehöft. In Sichtweite liegt das immer noch abgeschiedene Jøssingfjord Vitenmuseum *(facebook: Jossingfjord Vitenmuseum)*, das Bergbau und Geologie miteinander in Beziehung setzt. Du befindest dich hier mitten im Magma UNESCO Global Geopark, einem von weltweit 140 Geologieparks. Zwischen Flekkefjord und Egersund am nördlichen Ende der kurvigen Fv44 liegen Ausläufer des Baltischen Schilds, der viel Anorthosit enthält, ein irisierendes magmatisches Gestein, das auf dem Mond viel häufiger vorkommt als auf der Erde. Wenn du dich mit Klettersteigen auskennst, findest du einen Einstieg sowie eine schmale Parkbucht nur wenige Kurven weiter nordwärts zu deiner Rechten kurz vor dem Tunnel *(GPS 58.331973, 6.359975)*. Vom Parkplatz am Kraftwerkshaus kannst du ohne Kletterei einen 600 m langen Anstieg entlang alter Eisenbahnschwellen erwandern und wirst mit einem Fjordblick aus 177 m Höhe belohnt.

*i Magmapark: magmageopark.no/en/discover-experience/locations/jossingfjord*

**85 km** Die Bergstraße Fv44 bietet weiter schöne einsame Stellen zum Parken und intimen Genuss. Wer sich für die spannende Geologie interessiert, sollte unbedingt die Schautafeln in diversen Parkbuchten lesen. In Egersund verlässt du schließlich das kurvige Gebirge und rollst zum Kontrast durch topfebene Küstengegend. In Ogna beginnt die Nationale Landschaftsroute Jaeren. Die Route – weiterhin die Fv44 – folgt bis Stavanger der Küste und ist Teil des Nordsjøvegen zwischen Kristiansand und Stavanger. Erstes Highlight ist der Leuchtturm von Kvassheim (Kvassheim Fyr).

## Kvassheim Fyr

Bis 1990 noch von einem Leuchtturmwärter betrieben. Im restaurierten Gebäude werden Ausstellungen zur Geschichte der Seenotrettung und zur Natur in Jæren gezeigt, ein kleines Café ist saisonal geöffnet.

*i Café tgl. Juni–Aug. | Toiletten ganzjährig geöffnet | jarefri.no*

**16 km** Fahr weiter auf der Fv44. Links hast du die Nordsee ständig im Blick. Zunächst taucht der Leuchtturm Obrestad auf, in Sichtweite nach Norden lockt der alte Bauernhof von Hå mit eigener Zufahrt.

## Obrestad Fyr und Hå Gamle Prestegard

Nur wenige Fahrminuten liegen zwischen dem alten Leuchtturm und dem Gebäude-Ensemble des alten Pfarrhofs. An Letzterem lohnt sich der Halt, weil neben der kleinen Ausstellung über die gut 8000 Jahre alte Siedlung auch Waffeln, Kuchen und Kaffee im idyllischen Pfarrhof warten. Kunstambiente mit Ausstellungen drinnen wie draußen.

*i Juni–Sept. Mo geschl., Okt.–Mai Mo, Di geschl., meist 12–17 Uhr | hagamleprestegard.no*

**15 km** Zurück auf der Fv44 folgst du nach 1 km der Beschilderung nach Orre und dem braunen Landschaftsroutenschild Jaeren und biegst nach links auf die schmale Rv507 ab. Kurze Zeit später biegst du links in

Richtung des mit Orrestranda beschilderten Strandes ab und parkst am hübschen Holzgebäude Frilufthuset på Orre.

## Orrestranda

Mit 5 km Länge Norwegens längster Sandstrand. Mit seinem hellen, feinkörnigen Sand ähnelt er eher einem Strand in südlicheren Breitengraden. Schwimmer, Surfer und Strandspaziergänger mit Hunden kommen gern her. Im Friluftshuset erfährst du Interessantes über Naturschutz und Outdoor-Aktivitäten.

*i 25. Juni–16. Aug. tgl. außer Sa 11–16 Uhr geöffnet, sonst an Sonn- und Feiertagen | jarefri.no*

*P Am Friluftshuset parkst du kostenlos. Übernachten ist allerdings untersagt.*

**2 km** Wende dich vom Parkplatz am Orrestand nur 200 m südlich zurück zu einem alten Kirchhof, dann etwa 1 km gen Osten Richtung Kleppe über den Orrevegen/Fv247 zu einer kleinen Parkmöglichkeit an einem Hofgebäude linker Hand (*GPS 58.733549, 5.546632*).

**LEUCHTTURM-STOPP**

**Der alte Kvassheim Fyr ist heute ein Museum**

## Orrevatnet

Das älteste norwegische Vogelschutzgebiet ist ein Eldorado für Vogelfreunde. Im Feuchtgebiet zwischen Kuhweiden findest du Uferschnepfen, Schilfrohrsänger, aber auch Skuas und Eismöwen. Nur wenige hundert Meter die Straße weiter Richtung Bryne ergeben sich entlang des Sees Horpestadvatnet noch weitere Möglichkeiten zur Vogelbeobachtung.

i *birdingbed.no/wp-content/uploads/Revtangen-og-Orrevatnet.pdf*

P *Kostenloses Parken für ein Womo an Hofgebäuden mit Wellblech und Efeu (GPS 58.733500, 5.546613)*

Insider-Tipp
**Teleobjektiv rausholen!**

*Am Orrevatnet bietet dir ein verstecktes Türmchen Deckung vor den Vögeln. Von der Parkstelle geht's seewärts rechts am Hof vorbei und nach links kurz auf einen Pfad (GPS 58.734132, 5.542147).*

**10 km** Zurück auf die Fv507 und ein paar Minuten nordwärts liegt der nächste ruhige und wunderschöne Strand. An einer einsamen Bushaltestelle biegst du links ab und fährst noch 1 km.

## Borestranda

Langer, feinkörniger Sandstrand mit herrlich weitem Horizont. Der Strand ist vor allem bei Surfern und sportlichen Badegästen sowie Joggern beliebt, das verläuft sich aber in der Regel. Dusche und Toiletten befinden sich am großen Parkplatz.

**P** *Direkt am Strand (GPS 58.798814, 5.553690)*

**Kleine Strandwanderung**
Lass dein Womo stehen und unternimm eine Strandwanderung. Schuhe aus und gut 1 km nach Norden bis zu einer schmalen Flussmündung. (Oberhalb befindet sich ein kleiner Strandparkplatz, den du von Borestranda auch anfahren kannst.) Jenseits der Mündung liegt der Strand Solastranden und gut 1 km weiter eine kleine Mole mit Mini-Bootshafen und bunten Bootshäusern. Hier übernachten auch schon mal einsame Camper (*GPS 58.818104, 5.540275*). Lauf zurück oder steuer noch 1 km weiter nördlich einen alten Betonpier an, nach dem du gut 100 m querfeldein auf eine Gebäudegruppe zuläufst. Unterwegs findest du ein dreizackiges Steinfeld, über dessen Historie man nur spekulieren kann (*Steinstjerna, GPS 58.827633, 5.553445*).

**30 km** Kehre zur Fv507 zurück und biege nach links auf diese ab, bis du eine Minute weiter die Fv510 kreuzt. Dort biegst du links Richtung Stavanger ab. Folge der Straße bis zum Ortsausgang in Sola beim Flughafen, wo du im Kreisverkehr auf der E 39 der Beschilderung nach Stavanger folgst.

**Stavanger**
Erdöl, Ingenieurskunst und berauschende Natur ▶ **S. 38**

# Kristiansand

## Mini-Metropole der Südküste mit dramatischem Kulturhaus

**In nur zweieinhalb Stunden bist du vom dänischen Hirtshals über den Skagerrak gerauscht. Kristiansand blinzelt in die Sonne und empfängt dich mit mediterranem Charme. Siliziumzellenproduktion, Ölingenieure und ein Fischmarkt machen die Stadt zum Wirtschaftsfaktor, das architektonisch extravagante Theater Kilden und das neue Kunstsilo daneben zum Kulturmagneten. Auf der Halbinsel Odderøya feierst du deinen Norwegen-Einstand mit Muße.**

**SCHÖN GEDECKT**

Das Dach ist der Knaller des Konzertsaals Kilden

## AKTIVITÄTEN & SIGHTSEEING

### 1 Im Tier- und Badepark Dyreparken auslüften

Östlich der Stadt sind im größten norwegischen Freizeitpark und einzigen Zoo nicht nur Löwen und Pandas los. Im Amphitheater geht's um die Abenteuer des Piratenkapitäns Säbelzahn. Die Savannenlandschaft mit über 800 Tieren und das Badeland *(269 NOK, mit Tierpark 709 NOK)* mit Rutschen plus Restaurant können Familien den ganzen Tag in Atem halten. ***Anfahrt:*** *12 km/13 Min. über die E 18 Richtung Oslo* ***Infos:*** *Zoo und Themendorf: Tgl., genaue Zeiten siehe Website | 409–589 NOK | Kardemomme By | dyreparken.no*

### 2 Meeresgetier live und à la carte an der Fiskebrygga

Scheint die Sonne auf die zentrale Fischerpier sowie deinen Teller in einem der Restaurants, fühlt sich das an wie nordisches Dolce Vita. In der Fischmarkthalle riecht's weder nach Fisch noch nach Arbeit, wenn die freundlichen Verkäuferinnen dir lebendes Krustentier vor die Nase halten. Hier kaufst du ein für die Womo-Küche.

### 3 Spazierengehen oder Füße hochlegen auf Odderøya

Drei Brücken verbinden die grüne, hügelige Halbinsel mit der Innenstadt. Der Blick auf Hafen und pulsierende Süd-Metropole mit ihren 90 000 Einwohnern von einem Felsen oder alten Verteidigungsanlagen bietet herrliche Stellen für Muße oder Picknick. Das nur 0,7 km$^2$ große Sahnehäubchen der Stadt hat tolle Spazierpfade. Kilden und ein Museumshafen sind Highlights.

### 4 Den Kulturtempel Kilden bewundern

Ganz große Bühne am Wasser: Der rechteckige postmoderne Bau mit einem vorkragendem Dach aus hellem Eichenholz in Wellenform bringt architektonischen Schwung an die Küste. Eins der schönsten Konzerthäuser Skandinaviens! Draußen ein Foto-Muss, drinnen Bühne für allerlei darstellende Kunst. Die Foyer-Bar erlaubt ab Mittag Einblicke beim Drink. Im Juli gibt's zudem täglich

## REGENTAG – UND NUN?

### 5 Ins Aquarama Spa entfliehen

Am Stadtstrand Bystranda kannst du auch drinnen dem Badespaß frönen. Im Spabereich entspannt man in Warmbadebecken und diversen Saunentypen. Im sportlichen Bäderteil kannst du im 50-Meter-Becken Bahnen ziehen, im Erlebnisbad des Wellnessbereichs über Wasserrutschen flutschen, in Surfwellen toben oder an einer Kletterwand üben. Die Massagen sind sündhaft teuer.
***Infos:*** *Di, Fr 6–21, sonst kürzer | Schwimmen, Spa ab 225 NOK, Kinder ab 185 NOK | Tangen 8 | Kristiansand | aquarama.no* ***Parken:*** *Parkhaus 34 NOK/Stunde*

außer sonntags kostenlose Foyerkonzerte ab 13 Uhr. Direkt nebenan wurde jüngst ein Silo zum Kunsttempel umgewandelt *(kunstsilo.no)*. ***Infos:*** *Sjølystveien 2 | kilden.com*

**Insider-Tipp**

**Pommes im Opernglanz**

*Abends eine Portion Fish & Chips auf der Kaimauer gegenüber von Kilden vertilgen – dessen Beleuchtung sticht jedes Candlelight Dinner aus.*

## ESSEN & TRINKEN

### 6 Saigon Nam Nam

Nordisch aufgeräumtes, vietnamesisches Pho-Restaurant mit tollen Take-aways. Die Pho-Suppen, Currys und Sushigerichte sind authentisch gewürzt, preisgünstig und alles wird sehr freundlich serviert. Und vegane Optionen gibt's auch. ***Infos:*** *Tgl. ab 11 Uhr | Vestre Strandgate 22 | Kristiansand | Tel. +47 974 0 79 79 | saigonnamnam.no | €-€€*

### 7 Frihavn

Gehobene Küche in der kulinarischen Ecke des Kulturhauses Kilden. Saisonale Gerichte in toller Architektur bieten einen Gesamtgenuss. ***Infos:*** *Tgl. | Sjølystveien 2 | Kristiansand | Tel. +47 902 2 94 12 | kilden.com | €€-€€€*

### 8 Rett i Garnet

Beliebtes alteingesessenes Hafenrestaurant neben der Fischhalle, was auch leckere Fish & Chips garantiert. Knuspriger Makrelenteller oder vegetarischer Burger sind großzügig bemessen. Unterhaltsames Hafenambiete. ***Infos:*** *Tgl. | Fiskebrygga | Kristiansand | Tel. +47 381 2 24 03 | rettigarnet.no | €€*

**FISCHBRÜCKE**

**An der Fiskebrygga gibt es Restaurants und einen Fischmarkt**

## EINKAUFEN

### 9 Kvadraturen

Das quadratisch angelegte Zentrum Kristiansands ist ideal zum Bummeln, z. B. auf der zentralen Haupteinkaufsstraße Markensgate. Die querende Radhusgate ist auch einen Abstecher wert. Im Norden endet die Fußgängerzone an der Mall Slottsquartalet mit noch einmal zwei Dutzend Geschäften. Handwerklich norwegisch shoppst du im Laden der Kette Husfliden, wo von den Socken bis zur Kopfbedeckung alles in regionalem und nationalem Trachtenlook zu haben ist. ***Infos:*** *Husfliden | Mo–Sa 10–17 Uhr | Gyldenløves gate 6a | Kristiansand*

## STELL- & CAMPINGPLÄTZE

### 10 Verschwiegener Parkplatz in Fährennähe

Die beiden simplen, asphaltierten 24-Stunden-Parkplätze (zahlbar mit Easypark-App oder Visa-Kreditkarte am Parkautomaten) liegen direkt an der Odderøya-Halle. Quere die Nodeviga-Brücke, lass die Marina links liegen und fahr dann links ab Richtung Odderøya. Nach kurzer Zeit landest du an zwei Stellplätzen. Besonders für Fährenbenutzer von und nach Dänemark ideal. Abwassertanks kannst du an den Shell-Tankstellen im Ort leeren.

**Stellplatz Odderøya**

*€ | Bendisbukta | Odderøya*
*GPS: 58.139055, 8.001804*

▶ **Größe:** *max. 20 Stellplätze*

### 11 Stadtnaher Campingplatz mit eigenem Badestrand

Der Tierpark (s. S. 35) betreibt den schönsten Campingplatz – nur 2 km von der Stadt entfernt. Wegen der Lage an der Bertisbukta ist Roligheden ein echter Stoppover zum Baden und Wohnen. Ständig fahren Busse in die Stadt, aber wer sein Fahrrad mitführt, kann hier gut Gebrauch davon machen. Es gibt sogar einen Pizzawagen.

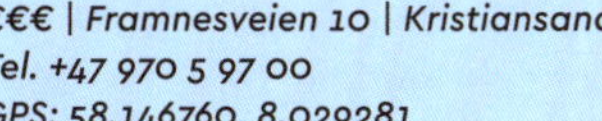

**Roligheden Camping**

*€€€ | Framnesveien 10 | Kristiansand*
*Tel. +47 970 5 97 00*
*GPS: 58.146760, 8.029281*

▶ **Größe:** *150 Stellplätze*
▶ **Ausstattung:** *Spülmaschine, Kochplatten, Spielplatz, barrierefreie Toiletten und ein Kiosk*

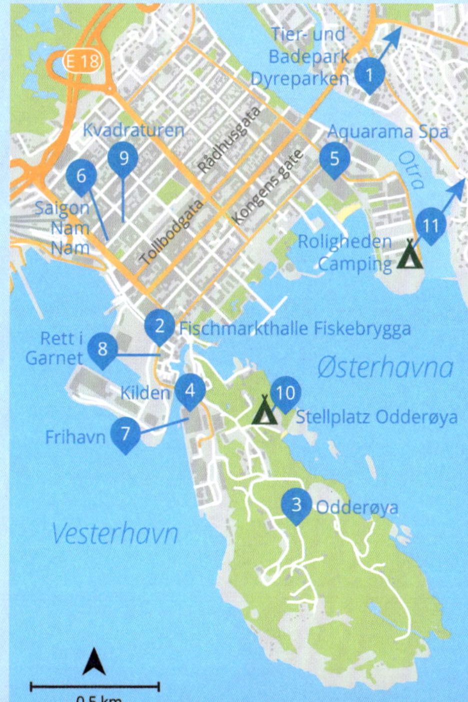

Spot 2

# Stavanger

## Erdöl, Ingenieurskunst und berauschende Natur

**Norwegens viertgrößte Stadt schwimmt in Ölgeld und das mit Stil. Im Erdölmuseum lernst du etwas über die Technik, die sich die Norweger zum Ausbeuten aneignen mussten. Die urige Altstadt wird vom Kreuzfahrthafen kurios kontrastiert. Den einengenden Ozean hat Stavanger mit dem weltgrößten Unterwassertunnel bezwungen – er führt flotter und nüchterner zum atemberaubenden Felsplateau Preikestolen überm Lysefjord. Diese Stadt hat das gewisse Etwas, das spürt man in jeder Gasse.**

**BITTE NACH UNTEN GUCKEN!**

Der Preikestolen thront 600 m überm Fjord

## AKTIVITÄTEN & SIGHTSEEING

### 1 Fithalten am Sola Strand beim Flughafen

Stavangers herrlicher Hausstrand. Es wird gejoggt, gebadet, spaziert und in den Dünen schießen Paare Hochzeitsfotos. ***Anfahrt:*** *15 km südwestlich Richtung Flughafen über die E 39 und die Rv509* ***Parken:*** *Parkplätze am Süd- und Nordende*

### 2 Zur Felskanzel Preikestolen wandern

Auch Wandermuffel spüren den Sog und laufen zur berühmten Felskanzel. Wer Tom Cruise in *Mission Impossible 6* dort hat hängen sehen, dem ist vorab schon mulmig. Wie ein exakt zugeschnittener Block ragt Preikestolen 604 m über den Lysefjord – mit gerader Falllinie. Vom flachen Plateau wirkt die Sicht auf den ins Unendliche strebenden Fjord beflügelnd, Runterschauen vom Rand stutzt aber den Flugimpuls! Die 8 km unkomplizierten Wegs hin und zurück führen durch feinste Natur. ***Anfahrt:*** *Der Ryfylketunnel wird bis 2025 der weltweit längste (14,3 km) und tiefste (291 m) Unterwasser-Straßentunnel der Welt sein (längere und tiefere befinden sich im Bau). Hinter dem Tunnel Ausschilderung zum Berggasthof Preikestolen (40 km/50 Min.).* ***Infos:*** *Bus ab und nach Stavanger April–Sept. mindestens stündlich | ab 430 NOK | preikestolen365.com* ***Parken:*** *Parkplatz am Berggasthof ab 21 €* für mehr als 2 Std.

### 3 Gemütlich den Lysefjord durchschippern

Stavangers Hausfjord ist 42 km lang und 422 m tief. An Bord diverser Rundfahrtschiffe erlebst du ihn am besten und siehst vom Deck aus alles, was einen Fjord mit 1000 m hohen Steilufern ausmacht: Wasserfälle, alte Berghöfe, an den Steilhängen festgekrallte Bäume und Mini-Siedlungen. Dazu kommen die beeindruckenden Felsen Preikestolen und Kjerag. ***Infos:*** *Abfahrten vom Skagen-Kai in Stavanger. In der Tourist Info vorbuchen. 3–4 Std. meist kommentierte Rundfahrten mit Elektroschiffen, Snacks an Bord | 725 NOK | fjordtours.com | Tourist Info: Strandkaien 61*

## REGENTAG – UND NUN?

### 4 Sich im Erdölmuseum in Öltaucher einfühlen

In Stavanger kommen Kreuzfahrer onshore, aber du gehst offshore – spielerisch im raffinierten Ölmuseum Norsk Oljemuseum. Die Informationen zur Arbeit unter Wasser sowie zur Bohrinseltechnik sind spannend aufbereitet und erstrecken sich über fünf Jahrzehnte. Der Zwiespalt zwischen Ölexport und dem Öko-Image eines Landes mit eigener Wasserkraft ist brandaktuell. ***Infos:*** *Tgl. Juni–15. Aug. 10–19, sonst 10–16 Uhr | 150 NOK, Kinder 75 NOK | Kjeringholmen 1a | Stavanger | norskolje.museum.no*

## 5 Durch Gamle Stavanger spazieren

Alt-Stavanger westlich des Hafens besteht aus 173 Holzhäusern aus dem 18./19. Jh. Preisgekrönt, aber nicht museal. Man will gar nicht mehr weg.

*Es gelingen dir tolle Fotos durch die Puppenhausgassen hinunter auf überdimensional wirkende Kreuzfahrtpötte.*

## ESSEN & TRINKEN

### 6 Fisketorget

Die Auslagen im Fischladen sind schon der Hingucker. Bekannt ist das angeschlossene Restaurant ohne Chichi für Krabbensandwich und Fischsuppe. Oder du gibst mehr Geld aus und bestellst die Schalentier-Bonanza mit Champagner. Lokaler Fang lecker zubereitet. Hier speist alle Welt. ***Infos:** Mo–Sa 10–22 Uhr | Strandkaien 37 | Tel. +47 515 2 73 50 | fisketorget-stavanger.no | €€-€€€*

### 7 Ostehuset Øst

In Stavangers Osten kommen wenig Touristen, weshalb du im schönen Café eher Studenten und andere Einheimische antriffst. Serviert werden belegte Roggenbrot-Sandwiches, Salat und Pasta. ***Infos:** Mo–Fr 8–18, Sa, So 9–18 Uhr | Ryfylkegata 30 | Stavanger | Tel. +47 518 6 40 10 | ostehuset.no | €-€€*

**Insider-Tipp**

**Nordischer Käse? Na klar!**

*„Ost" heißt Käse. Hier gibt es tollen norwegischen.*

### 8 Bøker & Børst

Hinterm Ölmuseum gibt's viele gute Cafés, aber Bøker & Børst ist besonders entspannt und hat Bücherregale auf dem Klo. Geboten wird: Fair-Trade-Kaffee, Barsnacks, Bier. ***Infos:** Tgl. bis spät | Øvre Holmegate 32 | Stavanger | bokerogborst.no | €*

**SURFER-HOTSPOT**

**Der Stellplatz Reve Havn lockt bei Wellengang**

## EINKAUFEN

### 9 Oleana Mode

Diese Designer-Strickmode wird in Museen ausgestellt und von Königinnen und Michelle Obama gekauft. Oleana verbindet Tradition mit modernem Schick und ist unwiderstehlich. Der Name wurde einer Utopie für ein neues Norwegen des nationalromantischen Musikers Ole Bull (1810–1880) entlehnt. ***Infos:*** *Mo–Fr 10–17, Sa 10–16 Uhr | Kirkegata 31 | Stavanger | oleana.no*

## STELL- & CAMPINGPLÄTZE

### 10 Sportliches Camping am grünen Stadtrand

Der schöne Campingplatz liegt im Grünen, aber stadtnah (3 km) am großen See Mosvatnet, der zum Baden und ausgedehnten Joggen einlädt. Oder du gehst ins angeschlossene beheizte Freibad mit Café (*tgl. bis 20/ 22 Uhr | 28 Grad | 1,5 Std. 90, Kinder 45 NOK | vorbuchen*). Nur eine Fahrminute entfernt beginnt das Tunnelsystem, dass dich unterm Fjord hindurch in Preikesstolen-Nähe bringt. Es gibt eine Bushaltestelle.

**Camping Mosvangen**

*€€€ | Mosvangen 15 | Stavanger*
*Tel. +47 515 3 29 71 | stavangercamping.no*
*GPS: 58.952463, 5.713892*

▶ **Größe:** *110 Stellplätze, 10 Mietunterkünfte*
▶ **Ausstattung:** *Duschen, freies WLAN, Küche, TV-Raum*

### 11 Genügsames Campen auf alter Hafenmauer

Der freie Stellplatz ist recht rustikal und deshalb wenig frequentiert. Dafür lockt er mit direktem Meerblick von einer kleinen, unspektakulären Hafenmole. Dusche und Toiletten findest du am wenige Minuten weiter nördlich liegenden Borestrand-Parkplatz. Letzter Einstieg für Surfer nördlich des Vogelschutzgebiets. Bei ordentlichem Wellengang von Norden ein Surfer-Eldorado. 30 km/ 35 Min. über die Fv501 nach Stavanger.

**Stellplatz Reve Havn**

*Reve Havn*
*GPS: 58.77158, 5.51379*

▶ **Größe:** *3–4 Stellplätze*

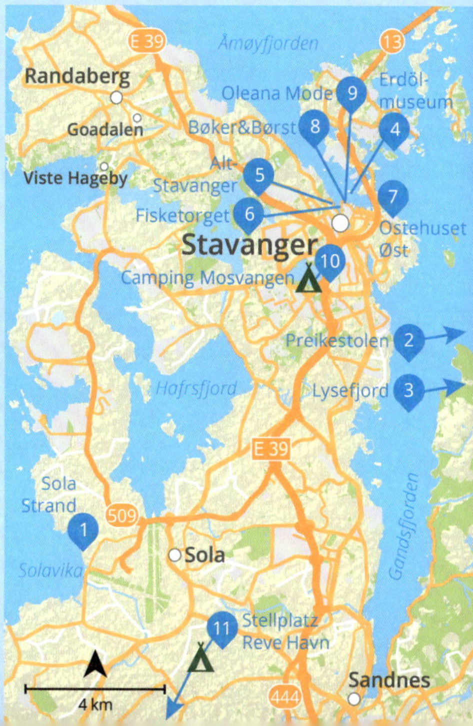

**BRÜCKE ÜBERM FALL**

Das Wasser des Låtefossen schießt tosend unter der Brücke hinweg

# Durch Fjord-Labyrinthe und Wasserkaskaden **Von Stavanger nach Bergen**

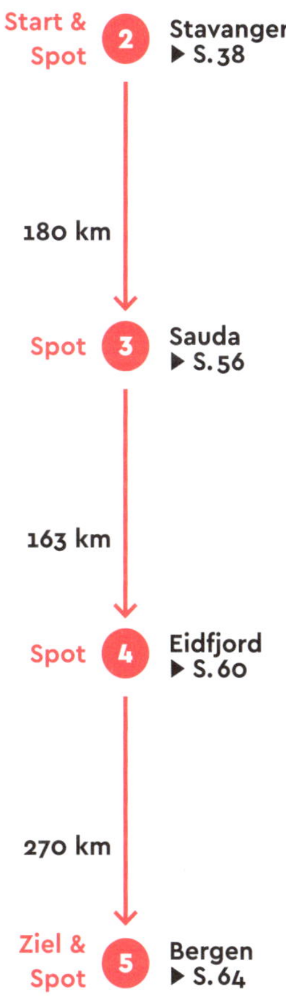


Vom Ölmekka Stavanger tauchst du ab in den längsten Unterwassertunnel der Erde, um auf der anderen Seite die Ryfylke-Landschaftsroute aufzunehmen. Durch das südliche Fjordnorwegen rollst du nordwärts und findest immer wieder architektonisch toll eingerichtete Blicke auf Fjordidylle. Zweimal schwingst und kurvst du dich über Hochplateaus und stoppst unten an ganz unterschiedlichen Orten am Wasser. Die Hardanger-Route streift Hardangervidda und ein Obst-Dorado, bis du zur Kulturmetropole Bergen durchstichst.

# Tour B im Überblick

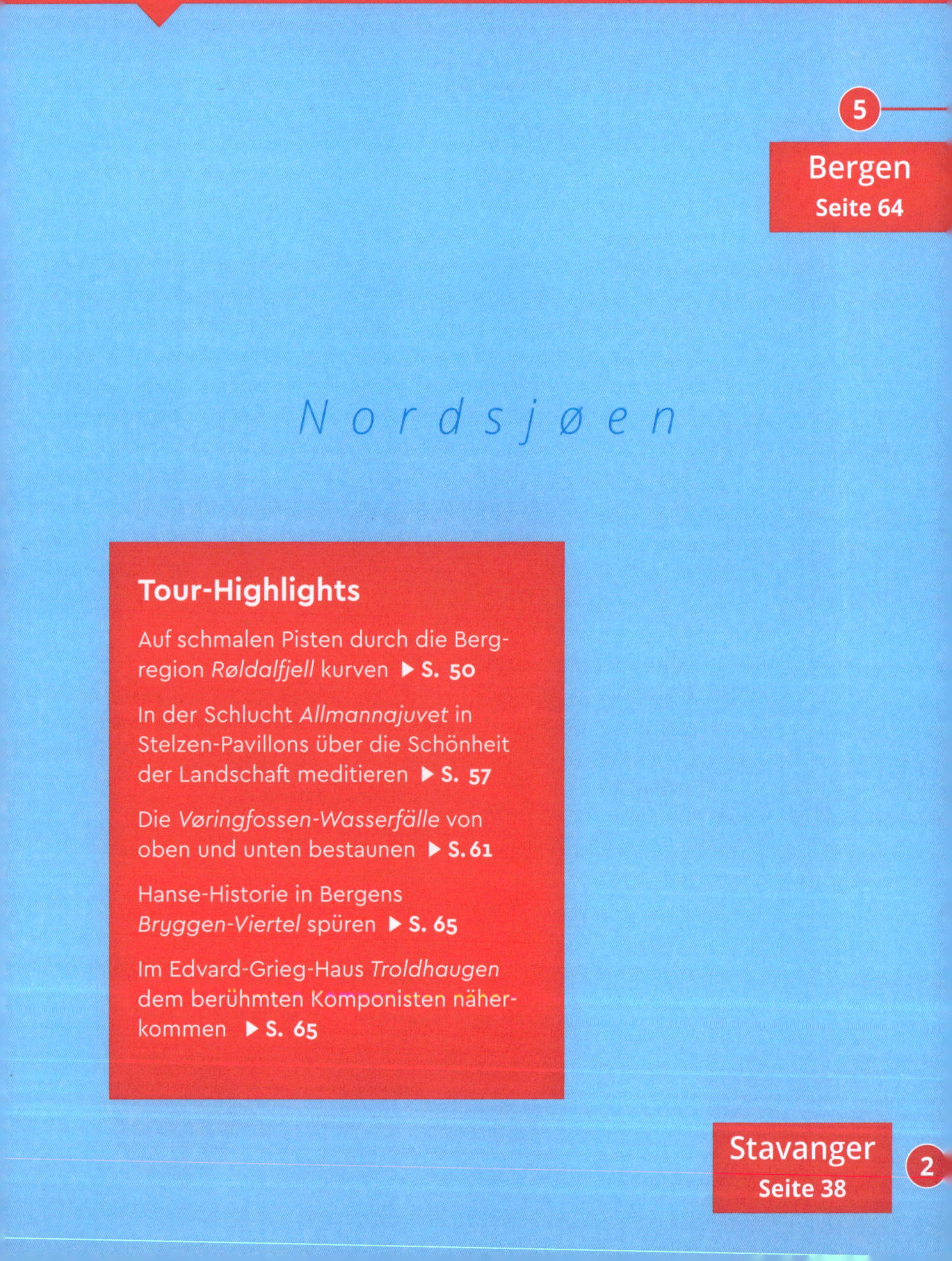

5 Bergen
Seite 64

Nordsjøen

## Tour-Highlights

Auf schmalen Pisten durch die Bergregion *Røldalfjell* kurven ▶ **S. 50**

In der Schlucht *Allmannajuvet* in Stelzen-Pavillons über die Schönheit der Landschaft meditieren ▶ **S. 57**

Die *Vøringfossen-Wasserfälle* von oben und unten bestaunen ▶ **S. 61**

Hanse-Historie in Bergens *Bryggen-Viertel* spüren ▶ **S. 65**

Im Edvard-Grieg-Haus *Troldhaugen* dem berühmten Komponisten näherkommen ▶ **S. 65**

Stavanger
Seite 38 2

Aurlandsvangen
Voss
Wasserfälle Skjervefossen
Hallingskarvet nasjonalpark
Lindås
Manger
Leknes
Dale
Bjørgo
Holme
Lonevåg
Stanghelle
Utne
Steinstø
Vaksdal
Kleppestø
Øystese
4
Straume
Haga
Eidfjord
Seite 60
Wasserfall Steinsdalsfossen
Klokkarvik
Osøyro
Rastplatz Hereiane
Hardangervidda nasjonalpark
Storebø
Våge
Odda
Folgefonna nasjonalpark
Fitjar
Uskedalen
Wasserfall Låtefossen
Valen
Leirvik
Stabkirche Røldal
Mosterhamn
Sauda
Seite 56
3
Langevåg
Dyraheio landskapsvernområde
Sveio
Skjold
Sand
Rastplatz Ostasteidn
Kopervik
Judaberg
Märchenwald Eventyrskogen Årdal
Vikevåg
Tau
Glasskjellaren
Randaberg
Jørpeland
Solbakk-Felsritzungen
Sola
Sandbakk
Kleppe
Ålgård
20 km

# B Tourenverlauf

Start & Spot 2

**Stavanger**
Wo Glück, Charme und Können sich in toller Natur entfalten ▶ S. 38

**23 km** In Stavanger suchst du dir die gut ausgeschilderte Fernstraße E 39 Richtung Bergen. Östlich des Sees Mosvatnet fährt du in das Ryfast-Tunnelsystem ein. In Richtung Bergen unterquerst du den Horgafjord. Du gleitest durch Hundvåg-Tunnel (5,5 km) und Ryfylke-Tunnel (14,3 km), die den weltweit längsten Straßenverlauf unter Wasser bilden. Bitte nicht von der zu einer Tiefe von 292 m unter Meeresspiegel absinkenden Straße zum Rasen verführen lassen! Auf der anderen Seite schwingt deine Fahrtrichtung im Flecken Tau zunächst etwas nach Süden bis Solbakk. Keinen Kilometer südlich von Solbakk findest du am Strand Felsritzungen.

## Solbakk-Felsritzungen

Die Petroglyphen entstanden wohl in einem Zweitraum von vor 2500 bis gut 3000 Jahren mit etlichen Jahrhunderten Zwischenraum. Du erkennst verschiedene Bootstypen mit Besatzung sowie mehrere Sonnen. Um die 1923 wiederentdeckten Ritzungen kenntlicher zu machen, hat man sie rot nachgezeichnet. Etwas weiter die Straße runter gibt es einen größeren Parkplatz für ein schönes Picknick direkt am Ufer.

**P** *Biege rechts auf eine schmale Straße mit dem Hinweis „Helleristninger" und halte auf dem Parkstreifen direkt oberhalb der Petroglyphen.*

**11 km** Fahr zurück nach Tau. Folge dem Hinweis für den Riksvei 13 (Rv13). Ein braunes Schild markiert die Nationale Landschaftsroute Ryfylke nach Røldal. Zunächst rollst du ostwärts und begleitest rechter Hand einen See. An seinem Ende siehst du einen zu einer Glas-Kunsthandwerkerin ausgeschilderten Abzweig, nur 1 km eine schmale Straße entlang.

## Glasskjellaren

Schöner Souvenirstopp. Astri Vadla Ravnås bläst ihre Gebrauchsgegenstände nicht, sondern betreibt Glasfusing, indem sie bunte Glasstücke schichtweise miteinander verschmilzt. Besonders ins Auge fallen Schalen, in die sie die Felsritzungen von Solbakken einarbeitet.

*Juni–Aug. Mo–Sa 11–17 Uhr, sonst Do–Sa | Tjøstheimsvegen 531 | Tau | glasskjellaren.no*

**24 km** Zurück zur Rv13 und weiter durch nicht allzu wilde, bewaldete Gegend. Nach einer schwungvollen S-Kurve kommst du bald zu den Ausläufern des Küstenfleckens Årdal. Nachdem du dort das Flüsschen Storålva überquert hast, biegst du scharf rechts auf den schmalen Valheimsvegen (Fv637). An der nächsten Kreuzung folgst du dem Hinweis nach Årdal über den Kyrkjevegen (Fv633) nach links. Nur wenig später biegst du dort rechts ab, wo ein Schild auf den Parkplatz Eventyrskogen hinweist.

## Märchenwald Eventyrskogen Årdal

Der Märchenwald ist spannend für Kinder. Ein Stündchen spazierst du durch ein lauschiges Waldstück mit geschnitzten Trollen und Kobolden.

*Ganzjährig frei zugänglich*

**66 km** Zurück zur Fv633. An einer roten Scheune biegst du rechts ab und findest bald die Rv13 wieder. Nach etwas kurvigerer Fahrt siehst du den Jøsenfjord aufblitzen. Im Örtchen Hjelmeland kannst du mehrmals in der Stunde mit einer Fähre nach Nesvik übersetzen (*nicht vorab buchbar | 11 Min. | Tel. +47 51 86 87 00 | norled.no*). Nach kurzer

**TROLLIGE BEGEGNUNGEN**

**Dies ist einer der Bewohner des Märchenwalds**

STILL LIEGT DER SEE

Der liebliche Lovravatnet vom Womo aus

Überfahrt folgst du dem Fjordufer und genießt die Aussicht rechter Hand, bis die Rv13 sich nach links ins Gebirge schwingt und verschlankt. Bald weiten sich Perspektive und Straße wieder und du nimmst das östliche Ufer des Erfjords auf. Über eine Brücke verabschiedest du dich vom Fjord und setzt deine Reise über die Rv13 nordwärts fort. Durch sattgrünes Weideland geht's bis zum schmalen, von Wald umrandeten See Lovravatnet. Am nördlichen Seezipfel trennt ihn nur ein schmales Landstück vom Lovrafjord. Hier gabelt sich die Landschaftroute Ryfylke. Nimm zunächst das östliche Fjordufer. Nach nicht mal 1 km erreichst du einen Parkplatz und eine Sitzgruppe, die extra für die erhöhte Aussicht über den Fjord erbaut wurde.

*Vom Viewpoint Utsikt Lovrafjorden knipst du ein Inselchen mit Häuschen in Norwegisch-Rot – das i-Tüpfelchen des Fjordidylls.*

Fahr weiter nach Norden, bis du bei den ersten Gebäuden der Ortschaft Sand am Lovrafjord nach links auf die Fv46 abbiegst. Kurz darauf hörst du das Rauschen eines Wasserfalls und parkst.

## Sand

Am Rand von Sand donnert der Fluss Suldalslågen 4 m tief über eine breite Felsstufe. Aus den Fenstern eines Unterwasserblicke zulassenden

Infostudios und mit einer Unterwasserkamera kannst du beobachten, wie die Fische Treppen nutzen, um flussauf zu Laichgründen zu gelangen. Dazu wird über Lachse und Co. informiert (*Laksestudio: Mitte Juni–Mitte Aug. tgl. 10–17, Sept. Sa, So 10–16 Uhr | 40 NOK, Kinder 30 NOK | visitsuldal.no*). Unweit davon findest du ein kontemplatives Architekturelement der Ryfylke-Landschaftsroute. Die überdachte Flussbrücke Høse Brua wirkt wie ein vor Unwetter schützender Meditationsraum und ist abends schön beleuchtet.

**19 km** Kehre dorthin zurück, wo sich Lovravatnet und Fjord beinahe treffen, und biege nun durch den Hamratunnel zum westlichen Fjordufer ab. Aus dem Tunnel heraus schwingst du dich direkt per Brücke über den Sandsfjord – ein hochfliegendes Gefühl. Bald stoppst du nach einer Rechtskurve auf einem weiteren Rastelement der Ryfylke-Route.

## Rastplatz Ostasteidn

Entlang der 18 Landschaftsrouten triffst du auf weit über 200 Architekturelemente – für Rast, Picknick, Toilettenbesuch oder Landschaftsblick. Diese Sitzgruppe bietet modernste Materialien und einen aufgeräumten Kontrast zur Landschaft am Sandsfjord, die den spätromantischen Maler Lars Hertervig inspirierte. Dem präparierten Toilettengebäude soll mit der Zeit ein Moosbart wachsen.

**37 km** Die Weiterfahrt führt dich nordwärts am bewaldeten Westufer des Sandsfjords entlang, in den Saudafjord übergehend. Bis zum Finale in Sauda begleitet dich idyllische Fjordlandschaft rechter Hand. Den Wasserfall Svandalsfossen kurz vor Sauda hebst du dir für den Aufenthalt am Spot auf (s. S. 57).

Spot 3

**Sauda**
Kontraste von Bergbau und Bergblick ▶ **S. 56**

**47 km** Ab Sauda hüpft die Rv520 schmalspurig nach Norden über das von Felsen, Birken und Seen gespickte Røldalfjell. Ab und zu kannst du anhalten und intime Seeblicke fotografieren. Kurz vor Røldal, in Håra, triffst du auf die E 134. Im Kreisverkehr wendest du dich in Fahrtrichtung Oslo und kurvst hinunter zum See Røldalsvatnet, an dessen Nordende Røldal wartet. Ende der Ryfylke-Route.

## Stabkirche Røldal

Den kurzen Abstecher nach Røldal machst du wegen der Stabkirche von 1250, heute noch Gemeindekirche. Die Renovierung vor gut 100 Jahren lässt sie weniger mittelalterlich aussehen – die restaurierten Malereien wirken recht frisch. Ungewöhnliche Kreuzstreben unterstützen die Wandversteifung. Das Kruzifix ist aus dem 13. Jh.

i *Juni–Aug. tgl 10–18 Uhr, sonst stundenweise Führung | 80 NOK | Kyrkjevegen 34 | Røldal*

**30 km** Wende dich zurück nach Håra (wo du im Sporthotel Hordatun in ein schönes Bistro einkehren könntest) und zum Kreisverkehr mit der Rv520, aus welchem du geradeaus auf die Rv13 Richtung Odda fährst. Nach einigen Kurven siehst du das Røldal Skisenter. Kurz davor biegst du scharf nach rechts auf eine meist nur 2 m breite Straße ab. Schmale Kehren bringen dich auf die kaum befestigte, aber gut asphaltierte alte Passstraße übers Røldalfjell – gleich zu Beginn merkst du also, ob du dir das zutraust. Unten durchs Tal führen Tunnel, welche die 10 km lange Bergroute umgehen. Da du dich auf 1065 Höhenmeter schraubst, kann Schneefall manchmal ab Oktober den Abstecher unmöglich machen. Im Sommer ist dieser exponierte Fjell-Ausflug mit majestätischen Felsen ganz wunderbar.

**Insider-Tipp**
**Übernachten mit Aussicht**

*In der Mitte der Fjellstraße liegt ein großer Parkplatz, ideal zum Übernachten. Gegenüber steht eine famose Aussichtsbank.*

Nach der Fjellfahrt nimmst du die Rv13/E 134 wieder auf und schwingst dich aus dem Gebirge im raschen Flug talwärts, immer wieder mit tollen Blicken nach rechts. Im Tal stoppt eine schmale Brücke in Skarsmo über den Fluss Grøndalslona deine Fahrt und auch die der LKWs. Knicke nach dem Nadelöhr nach rechts in Richtung Odda ab und fahr an der steilen Felswand entlang bis zum nahe Låtefossen-Wasserfall und der Brücke fast mitten in seinem Aufprall.

## Wasserfall Låtefossen

Die Zwillingswasserfälle stürzen insgesamt aus 165 m Höhe auf die Rv13, abfließend vom Folgefonna-Gletscher. Mit tosender Wucht schießt das weiße Wasser durch die Bögen der tiefliegenden langen Straßenbrücke. Schon ewig zieht es Reisende hierher.

**P** *Am südlichen Ende kannst du kostenlos parken und dir die besten Fotostellen beiderseits der Brücke suchen. Mit Regenjacke!*

**86 km** Hier beginnt die 158 km lange Nationale Landschaftsroute Hardanger. Die Rv13 führt flott ins geschäftige kleine Odda. Schlote signalisieren Industrie, zugleich ist der Fjordblick wunderschön – insbesondere vom ausgeschilderten Parkplatz beim Discouter Rema 1000. Ab Odda führt dich die schmale Straße am hier beginnenden schmalen Sørfjord entlang, beiderseits von hohen Steilwänden beschattet. Rechne vor Kurven immer mit Gegenverkehr. Man wird es dir danken, wenn du in Ausweichbuchten mal kurz den Lokalverkehr passieren lässt. Rechts von dir erhebt sich längst die Hardangervidda, Europas größte Hochebene. Beim Fährort Kinsarvik bilden Sørfjord, Eidfjord und Hardangerfjord ein mächtiges blaues Dreieck. Du folgst weiter dem Fjordufer, jetzt links vom Eidfjord begleitet. Auf Höhe der Brücke über den Hardangerfjord verschwindest du in einem Tunnel, der dich mittendrin in einen Kreisverkehr leitet. Du nimmst die Rv7, die dich auf breiterer Straße nach Eidfjord führt.

Spot 4

**Eidfjord**
Idyllisches Basiscamp für die Hardangervidda ▶ **S. 60**

**AUCH IM REGEN SCHÖN**

**Die Stabkirche Røldal wurde seit 1250 dreimal umgebaut**

**EIN FALL FÜRS FOTO**

**Hinter dem Steinsdalsfossen bleibt man trocken**

**37 km** Folge deinen eigenen Spuren über die Rv7 zurück nach Kinsarvik. Hier rollst du auf eine Fähre, die dich nach Utne bringt (*skyss.no*). Genieße die weite Aussicht.

## Utne

Im kleinen, aber durch das märchenhafte Knusperhotel Utne (1772) direkt am Fähranleger bekannte Örtchen kannst du das Hardanger Folkemuseum 300 m rechts am Fjordufer entlang besuchen. Ausgestellt sind verschiedene Regionaltrachten sowie Exemplare der norwegischen Hardangfedel, einer Fiedel, unter deren Hauptsaiten zusätzlich Resonanzsaiten verlaufen.

*i Hardanger Folkemuseum | 25. Aug.–18. Dez. Di–Fr 9–15 Uhr | 100 NOK, Kinder 60 NOK | Museumsvegen 36 | Utne | hardangerfolkemuseum.no*

**26 km** Wende dich auf der Fv550 nach Nordwesten. Ab hier führt dich die Landschaftsroute Hardanger um einen Teil des Hardangerfjords. Bald stößt du auf das Markenzeichen seiner Ufer, abfallende Obstplantagen. Nach ein paar Minuten beschreibt die Straße eine Linkskurve nach Süden. Weiter geht's gemütlich und aussichtsreich am Fjord entlang bis zu einem Rastplatz mit Bänken.

**Insider-Tipp**
**Früchte wie im Garten Eden**

*Obststände bieten Äpfel, Kirschen und Beeren, das Bargeld wirfst du einfach in eine Box. Nördliche Äpfel haben dank der Klimabedingungen ein besonderes Aroma.*

## Rastplatz Hereiane

Auch dieser Rastplatz gehört zu den typischen Landschaftsrouten-Bauten. Das Toilettengebäude kombiniert Schiefer, Beton und leuchtendes Gelb. Das mediterran aussehende, lockere Kiefernpanorama auf den glatten Felsen am Fjord wirkt romantisch.

**28 km** Ein Stück weiter nach Süden erreichst du den Fähranleger Jøndal – die Fahrt über den hier schmalen Fjord dauert 20 Minuten (*fjord1.no*). Von Tørvikbyd am anderen Ufer nimmst du die Fv49 nach Norheimsund.

## Wasserfall Steinsdalsfossen

Am Kreisverkehr in Norheimsund folgst du der Beschilderung kurz nach links zum Wasserfall Steinsdalsfossen. Du kannst einen kurzen Spaziergang zu einer Aussichtsplattform machen. Der Pfad führt dich trocken hinterm tosenden Fall her. Perfekte Aussicht.

P *An der postmodern gestalteten Touristinformation in Norheimsund*

**6 km** Zurück am Kreisverkehr fährst du geradeaus auf der Rv7 Richtung Oslo. Ein paar Minuten später stößt du am Fjord auf den Ort Øystese.

## Øystese

Hier bekommst du unterschiedlichste Kunst auf engem Raum geboten. Das Kunsthuset Kabuso zeigt wechselnde Ausstellungen zeitgenössischer Malerei und Grafik. Skulpturen stellt das Ingebrigt Vik Museum daneben aus. Ebenfalls nebenan steht der nach oben offene Pavillon Hardanger Skyspace des Lichtkünstlers James Turrell – im Fokus kreisrundes Himmelsblau als meditativer Himmelblick.

i *Kunsthuset Kabuso und Ingebrigt Vik Museum | Di–So 11–16 Uhr | 110 NOK, Kinder frei | Hardangerjordvegen 619, 626 | Øystese | kabuso.no*

# B Tourenverlauf

**10 km** Folge weiter den Fjord-Rundungen und nimm eine kurze Brücke über einen Seitenarm. Nach der Unterquerung einer kleinen Straßenbrücke findest du rechts ein kleines Café in Steinstø.

## Steinstø

Das eigentliche Dorf liegt höher am Hang, das Café Steinstø Frukt og Kakebu direkt am Fjord. Zur tollen Aussicht genießt du im Café frischen Apfelkuchen und erwirbst lokales Hardanger-Obst fürs Womo.

*Ein Spaziergang zurück über die Straßenbrücke bringt dich zu Fykses Gammlastova, der urigsten Holzhäuschen-Zeile Norwegens.*

**47 km** Die Hardanger-Route folgt weiter dem Fjord und bietet viele Ansichten vom Fruchtanbau am Fjord. Der Obsttag ist vorbei, wenn der Hardanger-Seitenarm Granvinfjord in Granvin sein Ende findet. Ab jetzt schwingt sich die Rv13 wieder westwärts ins Gebirge. Am Ende des Tunsbergtunnels folgst du der spitzkehrigen Abzweigung zu den nahen Wasserfällen Skjervefossen.

## Wasserfälle Skjervefossen

Zwei donnernde Fälle, die nebeneinander 150 m Fallhöhe erreichen. Du kannst ein paar Waldpfaden folgen oder ganz unten nass werden. Im Winter bieten die gefrorenen Fälle ein groteskes Bild.

**16 km** Zurück auf die Rv3 und weiter nach Westen. Schnell erreichst du das malerisch am See Vangsvatnet gelegene Städtchen Voss.

## Voss

Für die Übersicht nimmst du die Bergbahn Voss Gondol bis auf 820 Höhenmeter. Atemberaubende Aussicht nebst Ausflugsrestaurant Hangurstoppen (*tgl.* | €€). Unten im Ort bietet das Fleischer's Hotel direkt am Bahnhof und unweit der Gondelstation eine majestätische Holzansicht. Die Einkehr für Kaffee, Mittagssuppe und Rumschnüffeln ist unumgänglich (*tgl.* | €€). Oder du schaust dir bei einem Tandem-Fallschirmsprung aus 4000 m Höhe die Gegend von oben an. Schon Kinder ab fünf Jahren können im Windtunnel 3 Minuten lang Schwerelosigkeit erleben.

*Voss Skydive | 4890 NOK inkl. Video, Windtunnel 865 NOK | Flyplassvegen 135 | Voss | Tel. +47 56 51 10 00 | skydivevoss.no, vossvind.no.*

**Voss Folkemuseum**
Ein 2,5 km langer Abstecher bringt dich zum Voss Folkemuseum, das aus einem Infozentrum und einer Reihe betretbarer alter Bauernhäuser besteht. Tolle Fotogelegenheit drinnen wie draußen, denn von einer Bank schaust du auf Voss und den See hinunter. Nimm vom Parkplatz am Fleischer's Hotel die Hauptstraße 200 m zurück und biege rechts ab, der Ausschilderung zu Krankenhaus und Folkemuseum folgend.

*Mo–Fr 10–15 Uhr | Mølstervegen 143 | Voss | vossfolkemuseum.no*

**100 km** Die Stadt Bergen ruft! Du fährst zunächst am nördlichen Seeufer entlang und hast in knapp 2 Stunden Fahrt über die gute E 16 dein Ziel an der Westküste erreicht.

Ziel & Spot 5

**Bergen**
Feuchtfröhliche Kulturmetropole am Atlantik ▶ S. 64

URIGER GEHT'S NICHT

**Die Häuserzeile Gammlastova in Fykse**

Spot 3

# Sauda
## Kontraste von Bergbau und Bergblick

**Überraschend ist das industrielle Ambiente des alten Schmelzwerks von Sauda am Fjordende. Postindustriell meditativ dagegen hat Stararchitekt Peter Zumthor das nahe Ex-Zinkbergwerk veredelt. Kurz vor Sauda wird gezeigt, wie ein tosender Wasserfall optisch mit Treppenaufgang in Rostoptik funktioniert. Der Fjord ist zum Baden zu kalt? Unweit davon gibt es einen wärmeren Moorsee. Und aus dem Pferdesattel oder vom Bergpfad erlebst du feine Aussichten.**

KUNST IN DER SCHLUCHT

Peter Zumthors Architektur passt in die Landschaft

## AKTIVITÄTEN & SIGHTSEEING

### 1 Spritziger Stufengang am Svandalsfossen

Die unmittelbare Nähe zur Straße am Fjord macht den insgesamt 180 m langen Wasserfall so spannend. Erfahrbar wird ein Teil der Fallhöhe durch eine spektakuläre Treppenanlage aus Cortenstahl, deren Rostanmutung einen krassen Kontrast zur Natur bildet. Bei viel Wasser ist die Straße darunter nur im Blindflug zu befahren. Die Polizei reguliert dann bisweilen sogar den Verkehr. ***Anfahrt:*** *Gut 2 km vom Stellplatz in Sauda zurück nach Süden auf der Fv520* ***Parken:*** *Direkt am Wasserfall*

### 2 Am Badesee Storemyrtjørna picknicken

Der Moorsee mit Tischen und Bänken lockt an einem warmen Tag zum Schwimmen und Faulenzen – mal ohne Fjordblick. Hast du noch Energie zum Erkundungsgang? Dann wandere über einen Pfad (stellenweise feuchtes Gelände) einfach noch 2 km nordwärts zu *jettegrytenen*, runden Eiszeit-Auswaschungen, wie es sie in Norwegen häufig gibt. ***Anfahrt:*** *Folge dem Schild Åbødalen über die Fv713 von der Radhusgata in Sauda für 7 km nach Norden.*

**Insider-Tipp**
**Nichts für Kaltbader**

*In den flachen Jettegrytenen kann man ganz wunderbar im von der Sonne gewärmten Wasser baden.*

### 3 Im Rødstjørna-See schwimmen

Der Fjord zu kalt zum Baden? Südlich von Sauda liegt ein knapp 1 km langer See nahe einem Golfplatz, auf dem sogar ein kleines Rast-Ponton ankert. Bad, einstündiger Spaziergang ums Gewässer und Einkehr in Anna's Kafé versprechen einen schönen Abstecher vom Fjord. ***Anfahrt:*** *2,5 km westlich vom Stellplatz in Sauda* ***Infos:*** *Anna's Kafé: Juni–Aug. tgl. | GPS 59.647809, 6.316755*

### 4 Auf Sherpa-Stufen zum Berg Hovlandsnuten steigen

Los geht's an der Risvoll-Schule in Saudasjøen, vorbei an einem Damm, bevor du links auf einen Weg weiter bergauf abbiegst. Von einigen Hüttchen am

## REGENTAG – UND NUN?

### 5 Meditative Pavillons im Allmannajuvet

Mit vier schwarzen Pavillons in der Allmanna-Schlucht erinnert der Schweizer Architekt Peter Zumthor an eine Zinkgrube, die bis 1899 hier 160 Arbeiter beschäftigte. Die stilisierten Kuben sind Malocher-Denkmal. Zwei Stelzen-Pavillons beherbergen ein spartanisch eingerichtetes, meditatives Museum und ein Café. Führungen werden angeboten. ***Anfahrt:*** *9 km nordwärts über die Fv520* ***Infos:*** *20. Juni–14. Aug. tgl. 10–17 Uhr | visitsauda.no/en/allmannajuvet-2*

Brekkestølsbråtet (300 m ü. NN) führt ein flacherer Weg Richtung Nordstøldalen, wo es dann wieder richtig steil wird. In den von nepalesischen Sherpas 2014 renovierten Pfad Sagastien sind Stufen integriert, er führt zur festgezurrten Schutzkabine am Hovlandsnuten (931 ü. NN). Brillante Aussicht! Insgesamt 7 km, 4 Std. retour.

## ESSEN & TRINKEN

### 6 Kraft Kafe

Leckere Suppe, Pasta, Pizza, Fish und Chips, auch veganer Burger. ***Infos:*** *Mo–Sa 11–17, Sa 11–21 Uhr | Skulegata 18 | Sauda | Tel. +47 92 35 20 10 | kraftkafe.no | €€*

### 7 Meaw's Thaimat

Ordentlicher Thai-Imbiss mit einigen Tischen draußen. Bei schönem Wetter ein netter Abendtreffpunkt, um über gut gewürzten Speisen Informationen auszutauschen. ***Infos:*** *Tgl. 11–20 Uhr | Kyrkjegata 8 b | Sauda | Tel. +47 95 45 40 26 | meawsthaimat.business.site | €€*

### 8 Brynes Konditori

Guter Bäcker und Konditor mit Tischen in der ersten Etage. Leckere Brötchen, Sandwiches, Eiscreme, Salatbar und feine Kuchen, etwa russische Napoleontorte oder Krapfen später im Jahr. ***Infos:*** *Mo–Do 8–16.30, Fr 8–18, Sa 9–15 Uhr | Skulegata 6 | Sauda | €-€€ | Facebook: Brynes Konditori*

**ALLEIN AM FJORD**

**Am Saudafjord kann man wunderbar campen**

## 9 Felix

Gemütliches Café-Restaurant. Spitzen-Pizzen, tolle Falafel-Pita, gute Steaks. ***Infos:*** *Di–So 11–22 Uhr | Rådhusgata 18 | Sauda | Tel. +47 95 55 20 16 | Facebook: felix.restaurant.sauda | €-€€*

## STELL- & CAMPINGPLÄTZE

### 10 Sauda Fjord Camping

Der nicht allzu große Campingplatz liegt eine Bucht südlich vom Ort Sauda, direkt unterhalb des alten Sauda Fjordhotell. Im Hochsommer kann's durch Dauercamper voll werden.

**Sauda Fjord Camping**

*€€ | Sjøen 12 | Saudasjøen*
*Tel. +47 52 78 12 52 | saudafjordcamping.no*
*GPS: 59.640662, 6.309703*

- **Größe:** *Etwa 100 Womo-Stellplätze. 10 weitere Wohnunterkünfte in Hütten*
- **Ausstattung:** *Dusche kostet extra, Toilettenentsorgung im Preis enthalten*

### 11 Sauda Bobilparkering

Der von der Kommune bereitgestellte schmucklose Asphaltstellplatz liegt direkt am Saudafjord in Sauda. Das etwas spartanische Ambiente am Sportboot-Liegeplatz wird durch den tollen Blick mehr als ausgeglichen. Die Bezahlung erfolgt beim Hafenmeister oder per bereitgestelltem Umschlag in eine Box am Hafen. Ist im Hochsommer dem Campingplatz in Sauda vorzuziehen.

**Sauda Bobilparkering**

*€ | Treaskjæret 290 an der Rv520 | Sauda*
*GPS: 59.64712, 6.340116*

- **Größe:** *Etwa 10 Stellplätze*
- **Ausstattung:** *Toiletten und Duschen des Sportboothafens nutzbar. Trinkwasseraufnahme ja, Entsorgung nein*

### 12 Direkt am Hafen

Ideal und verbotsfrei ist der Parkplatz am Busterminal und Fährhafen gegenüber der Schmelzfabrik.

**Hafenparkplatz**

*Russerbrua | Sauda*
*GPS: 59.647384, 6.352352*

- **Größe:** *Etwa 5 Parkplätze*
- **Ausstattung:** *Nur Picknickbänke und Wiese*

Spot 4

# Eidfjord

## Idyllisches Basiscamp für die Hardangervidda

**Das Örtchen liegt so traumhaft zwischen Fjord und Hardanger-Hochplateau, dass dir die Augen übergehen. Vor den Kreuzfahrern kannst du steil bergauf zu Wasserfällen und alten Bergbauernhöfen flüchten. Zwei Tage sind das Minimum für einen aktiven Stopp. Bei Regen schaust du im Nationalparkzentrum vorbei, um das frappierende Zusammenspiel aus Gebirge und Wasser aus filmreifer Vogelperspektive zu bestaunen.**

**BILDERBUCH-WASSERFALL**

Der Vøringfossen ist ein Highlight der Hardangervidda-Route

## AKTIVITÄTEN & SIGHTSEEING

### 1 Am Gräberfeld Haereidsmoen meditieren

In dem eisenzeitlichen Gräberfeld wurden zwischen 400 und 1000 n. Chr. auch Wikinger bestattet. Die steinigen Haufen wölben sich aus von Schafen kurz gehaltenem Gras. ***Anfahrt:*** *2,8 km von Eidfjord. Du biegst in Eidfjord von der Hauptstraße Rv7 ab Richtung Simadal, querst den Fluss Eio und biegst hinter der Brücke rechts ab auf eine Parallelstraße.*

### 2 Vøringfossens irre Bühne besteigen

So gewaltig ist der Sturz des Wasserfalls, dass er einen großen Balkon nebst kitzliger 99-Stufenbrücke und Parkplatz bekam. ***Anfahrt:*** *19 km von Eidfjord über Rv7*

**Insider-Tipp**

**Auf den Grund des Canyons**

*Vom Parkplatz auf der Anfahrt zwischen Tunnel 2 und 3 ca. 700 Meter Bergpfad zum Flussbett runter- und auf den Vøringfoss zulaufen.*

### 3 An vier Wasserfällen entlang ins Husedalen wandern

Großartige Bergwanderung am Rand der Hardangervidda – der 6-Stunden-Rundtrip umfasst vier von der Hochebene stürzende Wasserfälle: Tveitafossen 180 m, Nyastølsfossen 400m, Nykkjesøyfossen 600 m und Søtefossen 800 m ü. NN. Vom Parkplatz zum ersten Fall gehst du 30 Minuten, zwischen den anderen Fällen je etwa 50 Minuten. Markiert ist der Anstieg ab Kraftwerk und Fall Tveitafossen durch ein rotes T vom Wanderverein DNT. Alternativ und leichter geht kurz vor dem Fall ein Schotterweg bis zwischen den zweiten und dritten Fall, wo er auf den Wanderweg trifft. Nicht schwierig, aber schweißtreibend. ***Anfahrt:*** *Von Eidfjord 28 km zurück auf deiner Route nach Kinsarvik* ***Parken:*** *Bei der Brücke über den Fluss Vivippo in Kinsarvik*

### 4 Zum Bergbauernhof Kjeåsen klettern

Schwindelerregend liegt das alte Bergbauerngehöft Kjeåsen überm Simadalfjord. Du kannst dein Womo am Kraft-

## REGENTAG – UND NUN?

### 5 Im Norsk Natursentrum Hardanger

Das Nationalpark-Zentrum der Hardangervidda in Øvre Eidfjord ist sehr unterhaltsam und hat ein großes Restaurant. Schon der 225-Grad-Panaromafilm ist den Besuch wert. Er zeigt einen Helikopterflug über Fjorde, den Vøringfossen und die Hardangervidda. So lernst du das Plateau-Fjell virtuell und trocken kennen. ***Anfahrt:*** *Von Eidfjord 7 km südlich auf der Rv7* ***Infos:*** *April, Mai, Sept. Okt. 12–18, Juni–Aug. 10–18 Uhr | 180 NOK | Sæbøtunet | Øvre Eidfjord | norsknatursenter.no*

werk in Simadal parken und einen sehr steilen Kletterweg von nur 1,6 km Länge mit Leiterstück bis auf 530 ü. NN hochkraxeln. ***Anfahrt:*** *Von Eidfjord schmale Straße Richtung Simadal 7 km. Weiterfahrt zum Hof über sehr schmale Straßeund nur zur vollen Stunde nutzbaren engen Tunnel. Vorsicht!*

## ESSEN & TRINKEN

### 6 Tunet på Haugen

Heimeliges Café-Restaurant, das regional-ökologische Produkte als leichte Gerichte auf die langen Tische des hüttenmäßig gemütlichen Lokals bringt. Im Laden, einem Landhandel, kannst du dich mit Brot, Früchten, Säften und Gemüse eindecken. ***Infos:*** *Do–So | Lægreidsvegen 13 | Øvre Eidfjord | Tel. +47 90 20 25 72 | tunetpaahaugen.com | €*

### 7 Anchalee's Thai Mat

Vertraue ruhig dieser besseren Imbissbude, die draußen etliche Tische stehen hat. An einem schönem Abend gibt's in Eidfjord keinen cooleren Ausgehtipp. Die wirklich leckeren Thaigerichte genießt du mit unmittelbarem Fjordblick. Auch als Take-away. ***Infos:*** *Di–So | Riksvegen 20 | Eidfjord | Tel. +47 47 39 52 00 | €*

### 8 Gløyp Spiseri

Steinar Arve Rinaldo serviert so fantasievoll, wie sein Name klingt. Richtig lecker sind seine für die wenig inspirierende norwegische Landesküche exzeptionellen Gerichte. Tolle Seafood-Pizza, Fleisch, Fisch und Saisongemüse aus der Gegend werden effektvoll serviert. ***Infos:*** *Tgl. | Kinsarvikvegen 45 | Kinsarvik | Tel. +47 928 5 50 94 | €€-€€€ | Facebook: Gløyp spiseri*

BERGIDYLLE

Der Bauernhof Kjeåsen liegt hoch überm Fjord

## 9 Restaurant Hardangerfjord

Eins von zwei Restaurants im Quality Hotel Vøringfoss, einem dem Stil alter Hotels nachempfundenen Platzhirsch-Gebäude am Hafen. Reserviere einen Tisch am Fenster, dann isst du mit Fjordblick, wenn dir kein Kreuzfahrtschiff die Sicht verstellt. ***Infos:*** *Tgl. | Ostangvegen 20 | Eidfjord | Tel. +47 53 67 41 00 | €€ | Facebook: Quality Hotel Vøringfoss*

## STELL- & CAMPINGPLÄTZE

### 10 Viel Natur und Platz zum Rumtollen

Der geräumige Campingplatz liegt malerisch am südlichen See-Ende des Eidfjordvatnet mit eigenem Uferbereich, umrahmt von zwei einmündenden Flüssen, nur 7 km vom Ortszentrum Eidfjord entfernt. Eine ideale Basis für mehrtägige Unternehmungen in der Gegend. Seit über 70 Jahren pflegen die Besitzer Gastfreundschaft und legen großen Wert auf freundlichen Service.

#### Sæbø Camping

*€€ | Øvre Eidfjord*
*Tel. +47 53 66 59 27 | saebocamping.com*
*GPS: 60.425816, 7.121922*

- **Größe:** *100 Stellplätze, 14 verschieden große Hütten*
- **Ausstattung:** *Komplett aussgestattet, mit kostenlosem WLAN*

### 11 Intimes Camping am Fluss

Unweit vom Sæbø-Campingplatz liegt der deutlich kleinere, aber ebenfalls freundliche Campingplatz Måbødalen am Ufer des Flusses Bjoreio. Kinderspielplatz und Café mit Alkoholausschank; mittags gibt's Pizza. Das Norsk Natursenter Hardanger und das Hardangerviddahallen-Restaurant liegen gegenüber auf der anderen Straßenseite der Rv7.

#### Måbødalen Camping

*€€ | Øvre Eidfjord*
*Tel. +47 99 00 91 60 | mabodalen.no*
*GPS: 60.423426, 7.138252*

- **Größe:** *25 Stellplätze, 8 verschieden große Hütten*
- **Ausstattung:** *Komplett ausgestattet, mit kostenlosem WLAN*

# Bergen

## Feuchtfröhliche Kulturmetropole am Atlantik

**Bergen liegt am Atlantik und zieht Regen an. Aber auch eine große Auswahl an verzehrbarem Meeresgetier. Die Klassik-Väter der norwegischen Musik, Edvard Grieg und Ole Bull, errichteten hier ihre Traumvillen und legten den musikalischen Grundstein für die Unmenge an Kultur, mit der Bergen sich heute feiert. Zehn Prozent der 250 000 Einwohner sind Studenten. Die alte Hanse-Metropole, deren hölzerne Kontore man wieder aufgebaut hat, wartet außerdem gleich mit zwei Aussichtsbergen auf.**

**FAHREN & SCHAUEN**

Bergens Standseilbahn fährt auf den Fløyen-Hügel

## AKTIVITÄTEN & SIGHTSEEING

### 1 Am Markt Fisketorget Ozeankreaturen bestaunen

Neben den offenen Markständen gibt es eine große Markthalle mit tollsten Auslagen und Restaurant, beides am Hafen. Fisch, Meeresfrüchte, Gemüse und Früchte laden zum Schaulaufen ein, die Preise sind aber happig. ***Infos:*** *So–Do 10–23, Fr, Sa 9–23, Okt.–Mai am Wochenende bis 22 Uhr | Torget 5 | Bergen | €€-€€€*

### 2 Durch die Hanse-Handelskontore von Bryggen stöbern

Das Hanseviertel Bryggen ist der Ursprung der Hafenstadt und heute Bergens historisches Highlight. Ein buntes Ensemble aus 62 Holzhäusern, in dem deutsche Hanse-Kaufleute über Jahrhunderte das Sagen hatten – deshalb auch auch Tyske Brygge (Deutscher Kai) genannt. Stöber in den kleineren Lädchen nach Kunst, Handwerk oder Musik (in der Regel tgl. 9–16/17 Uhr geöffnet).

### 3 Bergens kaufmännische Seite kennenlernen

Teil von Bryggen sind die Räume des **Hanseatischen Museums (Det Hanseatiske Museum)**, das den damaligen Handel beschreibt und Handelsfragen erörtert. Zum Museum gehören auch die 450 m weiter am nördlichen Ende von Bryggen gelegenen **Schötstuben** (Schøtstuene), ein recht unveränderter Raum, der als Versammlungsbörse der Händler diente. Touristisch, aber toll. ***Infos:*** *Mitte Mai–Mitte Sept. tgl 11–17, sonst 11–15 Uhr | 120 NOK, Kinder frei | Øvregaten 50 | Bergen | hanseatiske museum.museumvest.no*

### 4 Durch Bergens alte Gassen steigen

Die **Altstadt** mit ihren vielen alten blumengeschmückten Holzhäusern und steilen Gassen eroberst du zu Fuß oberhalb von Bryggen, etwa zwischen Steinkjelerbakken, Skansedammenpark und Bispengsgaten. Es ist steil.

### 5 Im Grieg-Haus Troldhaugen dem Meister lauschen

Edvard Grieg (1843–1907) brachte norwegische Klänge in die Welt. Sein Wohnhaus Troldhaugen mit Flügel, Komponierstube im Garten und Museum gehört zum guten Ton jedes Bergen-Stopps. ***Anfahrt:*** *Straßenbahn bis Hop. 25 Fußmin. nach Ausschilderung. Im Sommer um 11 Uhr Busse zu Konzerten ab Touristinformation, Strandkaien 3.* ***Infos:*** *Mai–Sept. Di–So 10–17 Uhr, sonst 11–16/17 Uhr | 130 NOK | Troldhaugvegen 65 | griegmuseum.no*

### 6 Kleinen Höhenflug mit der Standseilbahn machen

Wenn's Wetter aufreißt, flott zur Talstation in der City. In 6 Minuten bringt dich die **Fløibahn** auf den 320 m hohen Fløyen-Hügel. Tolle Einblicke in herrliches Wohnen am Hang. Tipp: Unterwegs aussteigen zum Schauen, dann weiterfahren. Oben warten grandioser Ausblick, Café-Restaurant und schöne Spazierwege. Bei gutem Wetter viele Touristen. ***Infos:*** *Tgl. 8–22 Uhr | Tickets retour Mai–Sept. 160 NOK, sonst 120 NOK, Hunde gratis | Vetrlidsall-menningen 23A | Bergen | floyen.no*

## 7 Großen Höhenflug auf den Ulriken wagen

Mit einer Seilbahn gelangst du auf den Hausberg Ulriken (642 m). Die Stadt wirkt winzig und von Meer und Bergen dominiert. Du solltest einen Tagesausflug planen, denn oben gibt es etliche Wanderwege. ***Anfahrt:*** *Mit Bus Nr. 2 und 3, dann 400 m zu Fuß zur Gondelbahn* ***Infos:*** *Tgl. Mai–Sept 9–17 Uhr | Tickets retour 365 NOK, Kinder 150 NOK, Tickets am Automaten | ulriken643.no*

## 8 Sich in die Traumvilla Lysøen von Ole Bull verlieben

Leider hatte der Violinist und Komponist Ole Bull (1810–80) nicht mehr viel vom Kauf der Insel Lysøen (1873) und der von ihm nach Schweizer Chateau-Stil mit maurischen und russischen Elementen erdachten Traumvilla. Bull gehörte zu den Künstlern, die sich vom dänischen Einfluss absetzten und so enorm wichtig wurden. Seine bezaubernde Holzvilla wird zur Zeit von Grund auf saniert und kann deshalb nur von außen bewundert werden. Wann sie wiedereröffnet wird, steht noch nicht fest. ***Anfahrt:*** *Stadtbahn bis Lagunen, Bus 62 nach Buena. Vom Buena Kai mit dem Boot über den Fjord zur Insel Lysøen.* ***Infos:*** *Lysøen | Infos über die Sanierungsarbeiten: kodebergen.no/en/collections/why-is-lysoen-closed*

## 9 Von Street Art verführt werden

Bergen ist voller Kunstschaffender, darunter auch zahlreiche Graffiti-Artists. Guides (auch deutschsprachige) vermittelt die Bergen Tourist Information. ***Infos:*** *Pro Stunde als Gruppe ab 29 € | Strandkaien 3 | Bergen | Tel. +47 55 55 20 00 | streetartcities.com/cities/bergen*

**Insider-Tipp**

**Bergens coole Graffiti-Meilen**

*Allein entlang Skostredet, Vestre und Østre Skostredet findest du ein Dutzend bunter Wandmalereien.*

## REGENTAG – UND NUN?

### 10 Vom Regen zur Kunst flüchten

Es regnet häufig in Bergen, aber nicht verzagen: Die Phalanx der Kunstmuseen am See Lungegårdsvann unweit der Innenstadt ist bestens zur Flucht in die Kunst geeignet. Die Museen heißen **Kode 1** (Kunstgewerbe), **Kode 2** (zeitgenössische Kunst, Café und Laden), **Kode 3** (Romantik Norwegens und Edvard Munch), **Kode 4** (Moderne mit Picasso und Klee). ***Infos:*** *Mitte Mai–Mitte Sept. Kode 1,2 4 tgl. 11–17, Kode 3 10–18 Uhr, sonst verkürzt | 150 NOK, Kinder frei | Raums Meyers Allé | Bergen | kodebergen.no*

## ESSEN & TRINKEN

### 11 Søstrene Hagelin

Irgendwo zwischen gutem Fastfood und Volkskantine, 1929 von den Hagelin-Schwestern gegründet und seitdem für die typische Bergener Fischsuppe im Pappbecher und die Fischfrikadellen bekannt und geschätzt. ***Infos:*** *Mo–Sa, meist bis 18/19 Uhr | Strandgaten 3 | Bergen | sostrenehagelin.no | €*

### 12 Horn of Africa

Superleckere eritreische Küche mit vegetarischen Optionen satt von einem freundlichen Gastgeber, der gut Deutsch spricht. Wegen der kleinen Anzahl von Tischen und der Gastfreundschaft fühlst du dich pudelwohl. ***Infos:*** *Tgl. ab 17 Uhr | Strandeten 212 | Bergen | Tel. +47 95 42 52 50 | hornofafrica.no | €€*

### 13 Pingvinen

Die urige Gastrokneipe serviert herzhafte Klassiker wie Hackbällchen in brauner Soße, Labskaus oder den Bergener Klassiker *raspeballer* (Kartoffelklöße). ***Infos:*** *Tgl. bis 24 Uhr | Vaskerelven 14 | Bergen | pingvinen.no | €€*

### 14 Lokalmeile Skostredet

Zwischen Fischmarkt und Museumsviertel rund um die Skostredet-Gasse finden sich verschiedenste Kneipen und Restaurants. Folk og Røvere *(Sparebankgaten 4 | tgl. | folkogrovere.net)* ist ein alteingesessner Musikpub mit lokalen Bieren, Brasserie Cherie *(Skostredet 12 | tgl. ab 7.30 Uhr | brasseriecherie.no)* eine neue Brasserie mit französischem Flair. Mandalay Sushi & Burmese ist aufgeräumt südostasiatisch mit toller Küche *(Nedre Korskirkeallmenningen 5 | tgl. ab Mittag | €€).*

**MUSIKER-SUPERVILLA**

**Mit diesem Prachtbau erfüllte Ole Bull sich einen Traum**

## EINKAUFEN

### 15 Lot 333

Internationale Markenboutique mit Brands zuhauf, etwa Stüssy, Whyread, Converse Chucks, Norwegian Rain, Curly & Co. Alles ist supercool und in den Farben ziemlich gedämpft. Die Preise sind noch okay. Der Besitzer kennt Banksy persönlich, Street Art gibt's gleich um die Ecke. ***Infos:*** *Mo–Sa | Kong Oscars gate 18 | Bergen | lot333.no*

### 16 Farmers Market

An zwei Samstagen im Monat findet beim Fischmarkt ein quirliger Produzentenmarkt statt, zu dem Käse-, Saft- und Spezialitätenhersteller oft weit anreisen. Ideal, um sich im Womo mit Leckereien auszustatten. Und Adressen zu erfahren, die später auf dem Weg liegen. ***Infos:*** *Fisketorget | 10–16 Uhr | Bergen | bondensmarked.no*

## AUSGEHEN

### 17 Nøsteboden

Unfassbar atmosphärisches Lokal in über 350 Jahre altem Bootshaus. Die Kenntnisse über Akvavit sind tiefgründig und müssen ausgekostet werden. Reservierung empfohlen, da oft voll. ***Infos:*** *Tgl. | Nøstegaten 32 | Bergen | Tel. +47 915 5 96 33 | nosteboden.no*

### 18 USF Verftet

Kulturszene pur. Eine Ex-Sardinenfabrik wurde in ein großes Kultur- und Bühnenhaus verwandelt. Fünf Bühnen für Musik, Film, Kunst. Kippers Bar & Kafé hat viele Sitzplätze auf dem Kai und Panoramafenster zum Fjord hin. Dazu ein Meeresschwimmbad. Vom Zentrum 10 Minuten auf die Backsteinschornsteine zulaufen. ***Infos:*** *Tgl. | Georgernes Verft 12 | Bergen | usf.no*

**ALLES AUS DEM MEER**

**Auf dem Fischmarkt gibt es unter anderem Seeigel**

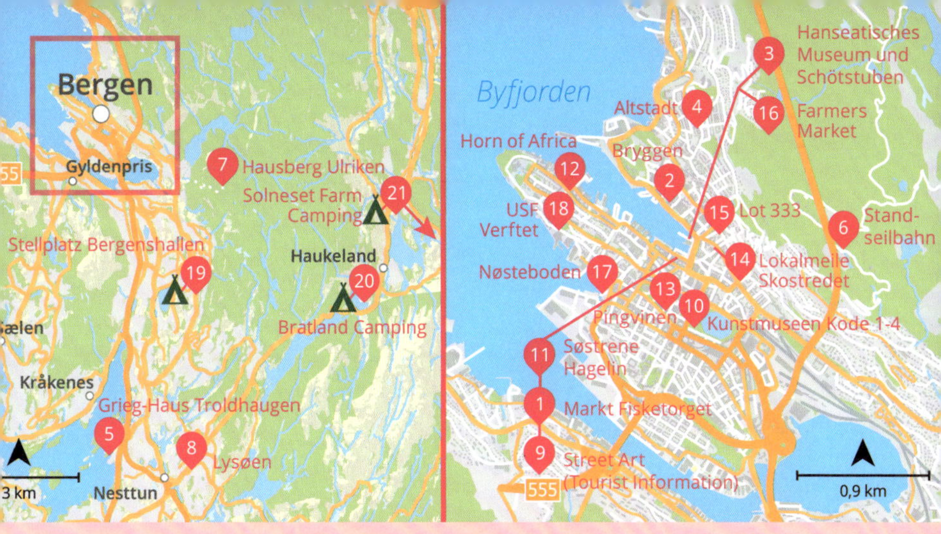


## STELL- & CAMPINGPLÄTZE

### 19 Nüchternes Parken in Reih und Glied

Wie ein Busparkplatz an der Veranstaltungshalle angelegt. Die City ist nur 4 km entfernt, näher ran geht kaum. Die Straßenbahn fährt direkt daran vorbei. Hinter der Häuserzeile gegenüber liegt ein See mit schönem Uferpfad.

**Stellplatz Bergenshallen**

*€€ | Vilhelm Bjernes' Vei | Bergen*
*GPS: 60.353992, 5.359139*

▶ **Größe:** *Ca. 40 Stellplätze auf hartem Grund*

### 20 Passables Camping etwas außerhalb der Stadt

Bergen ist nicht mit schönen Campingplätzen für Wohnmobile gesegnet, weshalb dieser an einem See gelegene Platz mit hartem Untergrund 17 km außerhalb noch die beste Lösung ist. Mit Bus und Stadtbahn/Tram dauert es eine gute halbe Stunde bis ins Zentrum, also noch vertretbar. Von Voss kommend, biegst du von der E 16 in Indre Arna nach Süden auf die Fv580 Richtung Flesland ab und erreichst nach 9 km dein Ziel.

**Bratland Camping**

*€€€ | Brattlandsveien 6 | Haukeland*
*Tel. +47 55 10 13 38 | bratlandcamping.no*
*GPS: 60.352246, 5.435132*

▶ **Größe:** *46 Stellplätze mit Strom, 14 Hütten*
▶ **Ausstattung:** *Recht gute Ausstattung, Duschen, Waschen und Trocknen nicht im Preis inbegriffen*

### 21 Farmcampen

Da sich Bergen und schönes Womo-Übernachten ausschließen, ist die Solneset Farm 9 km östlich des Zentrums für Camper, die mehr als eine Nacht bei Bergen verbringen wollen, die beste Option. Mitten in toller Natur, nicht überlaufen, sauber und mit Bahnhof in 10 Fahrminuten Entfernung. Dreistündiger Fußweg durchs Bergland nach Bergen!

**Solneset Farm Camping**

*Unnelandsvegen 320 | Haukeland, Bergen*
*solnesetgard.no*
*Tel.: +47 90 70 87 05*
*GPS: 60.3668, 5.4777*

▶ **Größe:** *20 Stellplätze*
▶ **Ausstattung:** *Komplett, mit Sauna*

**KÜHLE HÖHEN**

Auf dem Sognefjellet dem Gletscher entgegen

# Tour C

## Von Obsthainen zu Gletschern
# Von Eidfjord in die Nationalparks Jostedalsbreen und Jotunheimen

Ein Trip mit ständigem Auf und Ab. Du manövrierst dich durch die beiden größten Fjordsysteme Norwegens, vom östlichsten Zipfel des Obstanbaus am Hardangerfjord zu Ausläufern des Sognefjords. Tunnelfahrten, Fährentrips und enge Kehren leiten dich über die beiden nationalen Landschaftsrouten Aurlandsfjellet und Sognefjellet. Beide führen dich in die subarktische Einsamkeit der höchsten Bergrouten des Landes. Spüre den Eishauch der größten Gletscherlandschaft und deinen Schweiß beim Aufstieg zu mystischen Gipfeln.

**Strecke** 361 km

**Reine Fahrzeit** 8 Std.

**Streckenprofil** Fjorduferstraßen, Haarnadelkurven, Hochland-Highways

**Anschlusstouren**

B

# Tour C im Überblick

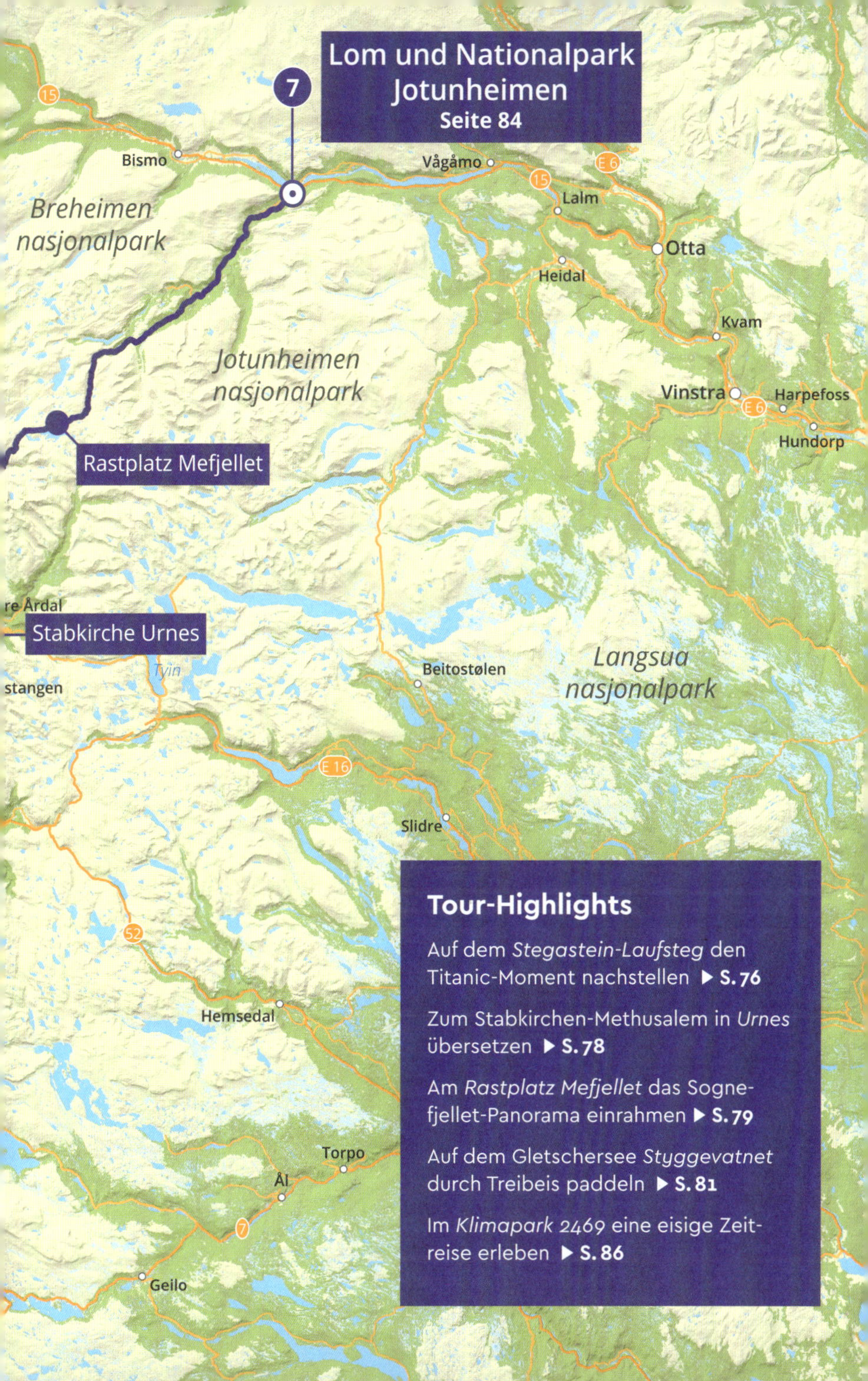


## Tour-Highlights

Auf dem *Stegastein-Laufsteg* den Titanic-Moment nachstellen ▶ **S. 76**

Zum Stabkirchen-Methusalem in *Urnes* übersetzen ▶ **S. 78**

Am *Rastplatz Mefjellet* das Sognefjellet-Panorama einrahmen ▶ **S. 79**

Auf dem Gletschersee *Styggevatnet* durch Treibeis paddeln ▶ **S. 81**

Im *Klimapark 2469* eine eisige Zeitreise erleben ▶ **S. 86**

# C Tourenverlauf

Start & Spot 4

**Eidfjord**
Idyllisches Basiscamp für die Hardangervidda ▶ **S. 60**

**33 km** Lass den Kreuzfahrttrubel hinter dir und nimm die Rv7 nach Westen. Der Eidfjord, östlicher Arm des Hardangerfjords, bietet rechts von dir schöne Blicke auf die Hänge am Nordufer. Ab Ende August stehen dort in Brimnes große Kisten mit Äpfeln. Bald erreichst du die Hängebrücke über den Fjord (150 NOK für 1380 Brückenmeter!). In beiden Tunnel-Kreisverkehren nimmst du die zweite Ausfahrt. Nachdem du aus dem Vallaviktunnel auf die Fv572 entkommen bist, verschlanken sich Straße und Fjord – und Ulvik lockt am Fjordende.

## Ulvik

Diesen kurzen Abstecher machst du wegen des Apfelparadieses. Der Hof Syse Gard ist seit fünf Generationen in Familienhand. Gro und Hans pökeln und räuchern das Fleisch eigener Schafe. Quasi als Dessert gibt's frisches und eingemachtes Obst, Apfelsaft und Cidre. Direkt nebenan kannst du in der Hardanger Saft- und Cidrefabrik dem größeren Produzenten Nils Lekve über die Schulter schauen. Zudem liegt Ulvik so bezaubernd wie kaum ein anderer Ort Fjordlands.

*i Syse Gard: Feinkostladen mit Verkostungen Mai–8. Okt. Mo–Sa 10–17 Uhr, Sommercafé 12. Juni–12. Aug. | Apalvegen 104 | Ulvik | Tel. +47 416 4 99 06 | sysegard.no; Hardanger Saftfabrik Lekve Gard: Verkauf ab Fabrik Mo–Sa, Führungen nach Voranmeldung | Øvre Lekve 17 | Ulvik | Tel. +47 98 01 74 97 | hardangersider.no*

**Insider-Tipp**
**Vitaminstoß mit Prozenten**

*Im Hofladen von Syse Gard erstehst du veredelte Äpfel, Pflaumen und Beeren als Most, Cidre und Aufstrich für die Womo-Küche.*

**52 km** Klettere durch Ulviks Hanglage über die Serpentinen der schmalen Fv572. Du hast nun eine Hochebene mit langgestreckten Seen erklommen und stößt am größeren See Granvinsvatnet auf die Rv13. Rechts abbiegen – bis Voss fährst du eine Weile auf einem Streckenstück der Tour B (S. 54). Kurz vor Voss bleibst du im Kreisverkehr auf der Rv13/E 16. Die zweispurige Straße bringt dich schnell zu einem Aktivitätenpark. **Optionaler Anschluss: Tour B**

## Voss Active High Rope & Zip-Line Park

Stopp zum Austoben. Erlebnispark für die Familie mit originellen Parcours-Elementen (etwa einem Zipline-Flug über Stromschnellen).

*Mitte Mai–Aug. 10–17 Uhr | 398 NOK (Mindestgröße 1,40 m), Kinder-Parcours 275 NOK (Mindestgröße 1 m) | Vossestrandvegen | Skulestadmo | vossactive.no | vorab buchen!*

**21 km** Die E 16 ist eine gut befahrene Durchgangsstraße, die dich flott am See Oppheimsvatnet vorbei nach Stalheim bringt. Stalheim, Hotel und Museum sind nach links ausgeschildert.

## Stalheim

Erste Farm auf der Postroute 1647, erstes Hotel 1885 – alles in Traumlage himmelhoch überm steilen Tal Nærøydalen. Das Hotel hat ein Freilichtmuseum mit extra hergeschafften Holzhäusern und vermittelt die Aura eines alten Bergdorfs. Das riesige hölzerne Trinkgefäß ist famos. Genieß im Restaurant eine Suppe oder einen Kaffee.

*Tgl. | 60 NOK | stalheim.com | An der Rezeption den Gang durchs Freilichtdorf buchen*

**IM APFELPARADIES**

**Der Cidre vom Hardangerfjord gewinnt Goldmedaillen**

# C Tourenverlauf

**P** *Großer Hotelparkplatz*

**Insider-Tipp**

**Nebelbank zum Träumen**

*Hinterm Hotel steht eine Sitzbank zum Träumen, ganz hoch überm Tal. Bis mittags verhüllt oft Nebel den spektakulären Talblick.*

**48 km** Vom Parkplatz nimmst du die Fahrtrichtung wieder auf. Es folgen 1,5 km Abwärtskehren mit bis zu 20 Prozent Gefälle – dieser Straßenabschnitt namens Stalheimskleiva ist ein Hit für Motorradfahrer! Unten triffst du wieder auf die E 16. Wende dich nach links Richtung Gudvangen durch ein Talenge mit lotrechten Steilwänden. Ab Gudvangen querst du das Gebirge mithilfe von zwei Tunneln, die dich nach Flåm am Ende des Aurlandsfjords bringen. Entlang des Ostufers erreichst du flott die Siedlung Aurlandsvangen. Hinter einer Straßenbrücke über das Flüsschen Aurlandselvi kündigt ein braunes Schild die 47 km lange Landschaftsroute Aurlandsfjellet an. Erneut warten Kehren, diesmal bergauf, bis du die Aussichtsplattform Stegastein erreichst.

## Stegastein-Aussicht

Was für ein Blick aus 650 m Höhe auf den Aurlandsfjord. Der mit Holz verkleidete, kühn gestaltete Ausleger endet in einer Glasscheibe – nur Fliegen ist schöner. Ab hier ist die Landschaftsroute Aurlandsfjellet erst ab etwa Anfang Juni geöffnet *(Verkehrsinfo: vegvesen.no)*.

**23 km** Die schmale Straße führt dich mal schnurgerade, mal in weiten Kurven übers bucklige Hochland (Fjell). Die höchste Stelle der meditativen Route toppt 1300 m. Mittendrin liegt der Parkplatz Flotane *(GPS 61.007668, 7.331374)*, gern von Wohnmobilisten als nächtlicher Stellplatz benutzt. Die als geneigter Kubus angelegte Toilette sticht dramatisch aus der subarktischen Wandergegend heraus. Kurz danach stoppst du am Aussichtspunkt Vedahaugane.

## Vedahaugane-Aussicht

Mitten in ungezähmter Natur schwingen sich ein aufgeräumter Holzsteg und eine sehr lange Bank zu einer künstlichen Höhle, in der der amerikanische Installationskünstler Mark Dion einen Haufen Technikmüll mit einem liegenden Bären aus Kunstfell gekrönt hat. Ein versteckter Umweltdiskurs.

**37 km** Fahr weiter bis zum Fjell-Ende, wo die Straße durch Bäume wieder auf Fjordebene absinkt. Den Lærdalsfjord vor der Brust, knickst du nach rechts ab und folgst kurz dem Ufer nach Osten. Wenn du abends unterwegs bist, kannst du kurz vor Lærdalsøyri von einem winzigen Pier mit Parkplatz direkt in den Sonnenuntergang schauen. In Lærdalsøyri biegst du auf die Rv5 Richtung Sogndal und fährst in den Fodnestunnel. Weiter Richtung Sogndal triffst du bald auf die Fährlinie Fodnes-Mannheller. Sie braucht nur gut 10 Minuten für die Reise über den Fjordarm. Am Anleger schlüpfst du in den nächsten Tunnel. Auf der anderen Seite biegst du rechts ab, wenn dich die Beschilderung nach Kaupanger leitet. Folge dieser durch Kreisverkehre, bis du die Stabkirche von Kaupanger siehst.

## Stabkirche Kaupanger

Die aus dem 12. Jh. stammende Kirche war 850 Jahre Gemeindekirche und wurde zuletzt 1965 restauriert. Prägnant ist hier der extrem hohe Mittelraum mit 22 alten Stäben, also Holzsäulen. Kanzel, Altarbild und Epitaph stammen aus dem 17. Jh.

i *Mitte Juni–Mitte Aug. tgl. 10–17 Uhr | 80 NOK | Kyrkjegota 1 | Kaupanger | stavechurch.com*

**27 km** Fahr zurück zur Rv5 Richtung Sogndal, die dich zu einem entlegenen Arm des Sognefjords führt. Von seinem Ostufer fährst du über die kurze Loftesnes-Brücke ans Westufer, dem du über die Fv55 Richtung Sognefjellet folgst. Nach einem kurzen Geländestück ohne Wasserblicke stoppst du am Ostufer des schönen Sees Hafslovatnet in Hafslo.

**Optionaler Anschluss:** **Tour D**

Spot 

### Solvorn und Nationalpark Jostedalsbreen

Aktiv zwischen dem Eisplaneten und seinen Schmelzfällen ▶ **S. 80**

**8 km** Von der Fv55 in Hafslo folgst du der Beschilderung nach Solvorn über die kleine, kurvige Fv338 bis zum Fähranleger in Solvorn. Die Mini-Fähre (*lustrabaatane.no*) braucht nur wenige Minuten bis nach Urnes am Ostufer des Lustrafjords.

# Ⓒ Tourenverlauf

## Stabkirche Urnes

Die Stabkirche von Urnes ist Norwegens älteste Stabkirche und als einzige UNESCO-Weltkulturerbe. Besonders sind hier die Würfelkapitelle mit Reliefs und die romanische Kreuzigungsgruppe.

ℹ *Mai–Sept. tgl. 10.30–17.45 Uhr | 220 NOK | stavechurch.com*

**14 km** Die Fv331 Richtung Norden führt als sehr schmale Uferstraße am eher verträumten als dramatischen Fjord entlang nach Norden, bis du unterhalb des Wasserfalls Feigefossen einen kleinen Parkplatz am Fjordufer siehst.

## Wasserfall Feigefossen

Der Waldweg zum spektakulären Wasserfall mit 218 m Höhe bietet schon tolle Anblicke, bevor du ihn nach etwa halbstündigem Gang erreichst. Fels, Wald und tosendes Wasser bilden eine Szenerie für spannende Fotos.

**46 km** Die langsame Reise am Fjordufer setzt sich mit wenigen Ausweichbuchten und ein paar kurzen Tunnelfahrten fort, bis du in Skolden rechts auf die breitere Fv55 Richtung Lom abbiegst. Die Szenerie ändert sich abrupt, von nun an reist du auf der Landschaftsroute Sognefjellet. An einem kleinen See vorbei nimmst du den Fluss Fortundalselva auf, bis die Straße langsam auf das Fjell hochkurvt. Nach drei Haarnadelkurven erreichst du talseitig einen Parkplatz (350 m hoch) mit schöner Sicht zurück. Die Straße windet sich bedächtig höher auf das Sognefjell hinauf und nach weiteren 10 Minuten taucht mitten in der immer weiträumiger sich darbietenden Berglandschaft das 884 m hoch liegende Tutagrø-Hotel auf, ein Nebeneinander aus alter und moderner Architektur. In weiten und engen Kurven geht's ein paar Minuten dahin, bis am einsamen Parkplatz Nedre Oscarshaug auf dem Fjell ein weiterer Verschnaufer winkt. Auf einer kleinen Aussichtsplattform steht ein verschiebbares Messfernrohr mit den Namen der umgebenden Berge. Plötzlich hast du Höhen von 2800 m im Blick. Der nächste Designer-Stopp, der Mefjellet-Rastplatz, kommt nach einer Viertelstunde Fahrt durch subarktische Einsamkeit.

## Rastplatz Mefjellet

Eine für die Landschaftsrouten typische künstlerische Intervention mit der Natur. Der norwegische Bildhauer Knut Wold hat hier ein 42 Tonnen schweres Felsrechteck mit Durchblick erschaffen.

*Mit einem leichten Teleobjektiv gelingen dir gerahmte Landschaftsausschnitte mit ewigem Schnee und Eis.*

**52 km** Nach wenigen Minuten erreichst du auf etwa 1400 m den höchsten Straßenpunkt Skandinaviens, markiert durch die große Berghütte Sognefjellshytta, die Altbau mit modernem Ausbau verbindet. Ab jetzt fällt die Straße langsam ab, nicht aber das Gefühl großartiger Einsamkeit. Wenn du den Ort Lom erreichst, atmest du auf 380 m wieder dickere Luft.

**Optionaler Anschluss:** Tour E Tour F

Ziel & Spot 7

**Lom und Nationalpark Jotunheimen**
Stabkirchen-Andacht und Berge mit Sommerschnee ▶ S. 84

**PERFEKT GERAHMT**

**Die Skulptur von Knut Wold geht eine Symbiose mit der Landschaft ein**

Spot 6

# Solvorn und Nationalpark Jostedalsbreen

## Aktiv zwischen dem Eisplaneten und seinen Schmelzfällen

**Am Rand von Fjordland verschlägt es dich fast ansatzlos in die größte Gletscherregion Europas. Unten ist die Eiszeit spektakulär ertrunken, oben stehst du mit dem Womo auf Augenhöhe mit dem Jostedalsbreen-Gletscher. Zwischen der Fjordruhe von Solvorn und einem Raftingtanz auf dem wilden Eispanzer-Abfluss liegt nur eine Stunde. Mit dem Kajak tastest du dich leise vor in die Eiszeit, steigst aus und machst einen langen Spaziergang auf dem Gletscher.**

ZWISCHEN SCHOLLEN

Auf dem Styggevatnet kann man Kajak fahren

## AKTIVITÄTEN & SIGHTSEEING

### 1 Auf dem Gletscher Nigardsbreen wandern

Der Nigardsbreen, die am einfachsten zugängliche Gletscherzunge des Jostedalsbreen, entstand wie alle norwegischen Gletscher in einer Kaltzeit vor ca. 2500 Jahren. Auf seinem Rückzug hinterließ er einen See in gut 300 m Höhe. Am Parkplatz des Sees triffst du Führer, die dich im Boot zum Fuß des Nigardsbreen bringen und schließlich auf den Gletscher. Es gibt auch längere Gletscherwanderungen. Tickets bekommst du direkt am Parkplatz oder im Nationalpark-Zentrum Breheimsenteret. ***Infos:*** *Mai–Sept. tgl.| ab 350 NOK, Kinder ab 250 NOK | Treffpunkt am Parkplatz Nigardsbreen 3,5 km nördlich vom Breheimsenteret | bfl.no/de/nigards breen-gletschertouren*

### 2 Im Kajak auf drei Gletscherseen paddeln

Wow – mit dem Kajak über den See **Nigardsbrevatnet** zum Gletscher und dann im Eis wandern. Du musst kein geübter Paddler sein, Kinder ab fünf Jahren dürfen mit (5 Std.). Atemberaubend ist der auf 1200 m gelegene und mit etwa Eis bedeckte Stausee **Styggevatnet** 21 km nördlich vom Nationalpark-Zentrum. Auch hier gibt's geführte Kajaktouren zum Gletscher (7,5 Std.). Wenn du im Zelt am Gletscher übernachten willst, buchst du im Zentrum eine 24-Std.-Tour mit Kajakfahrt und Wanderung am **Tunsbergdalsvatnet** etwas weiter südlich (3000 NOK). ***Infos:*** *Tel. +47 97 01 43 70 | icetroll.com | Nigardsbrevatnet: Mai, Juni, Okt. tgl. | 1100 NOK, Kinder 900 NOK | Styggevatnet: Juli–Sept. 1900 NOK, Kinder 1700 NOK*

### 3 Zu Fuß das Jostedalen und Seitentäler erkunden

Wenn du mal ohne Eis durch das hochdramatische Tal Jostedalen wandern möchtest, lass dich im Nationalpark-Zentrum Breheimsenteret beraten. Die 14 Touren von 2 bis 10 Stunden Länge kannst du auch kombinieren. Idyllisch ist die kurze Fahrt vom Breheimsenteret gen Südwesten ins Tal Bergsetdalen (Fv335). Am Straßenende findet du einen Parkplatz (*GPS 61.644095, 7.170405*) am

## REGENTAG – UND NUN?

### 4 Im Nationalpark-Zentrum abwettern

Das architektonisch schöne Breheimsenteret ist das südliche Besucherzentrum der Jostedal- und Breheim-Nationalparks. Neun der 30 größten Gletscher Norwegens liegen hier. Wie entstanden die Gletscher und wie interagieren sie mit dem Klima? Die verschiedenen Naturregionen Norwegens werden kundig vorgestellt und im Kinosaal erlebst du ein ganzes Jahr in Norwegens Gletscherland. ***Infos:*** *Mai–Sept. tgl. 9/10–17/20 Uhr | 95 NOK | Brevegen 8 | Jostedal | Tel. +47 576 8 32 50 | jostedal.com*

Weiler Bergset und läufst auf den Gletscher Bergsetbreen zu. ***Infos:*** *Tgl. Mai, Juni, Sept. 10–17, Juli, Aug. 9–18 Uhr | jostedal.com*

### 5 In Fjærland in alten Büchern schmökern

Dieser Ausflug lohnt sich, weil das kleine Dorf Fjærland ganz bezaubernd am Fjærlandsfjord liegt, einem langen Seitenarm des Sognefjords. Ein wenig wie Alt-Norwegen mit etwas verwunschenem Hotel und einer gemütlichen Kaffeestube. Das Tollste aber sind ein Dutzend Secondhand-Buchläden. ***Anfahrt:*** *54 km/50 Min. nördlich von Solvorn über Fv55, dann Rv5* ***Infos:*** *Mai–Sept. | bokbyen.no*

## ESSEN & TRINKEN

### 6 Walaker Hotell

Atmosphäre von anno dazumal. Wenn du dir mal ein viergängiges Top-Menü für einen Top-Preis (ab 110 €) leisten möchtest, lass dich im wohl ältesten Hotel Norwegens verwöhnen. Zum Verdauen schaust du in die angegliederte Kunstgalerie. ***Infos:*** *Solvornvegen 324 | Solvorn | Tel. +47 57 68 20 80 | walaker.com | €€€*

### 7 Café-Restaurant des Nationalpark-Zentrums

Im Breheimsenteret serviert das Café-Restaurant nur mittags kleine, leckere Gerichte und guten Kaffee, den Gletscherarm Nigardsbreen direkt im Blick. ***Anfahrt:*** *51 km/55 Min. über Fv55 und Fv604 nach Norden* ***Infos:*** *Tgl. mittags | Brevegen 8 | Jostedal | Facebook: Brheimsenteret | €*

### 8 Kvitabui Matnaust & Galleri

Charmant! Renoviertes Bootshaus am Fjordufer mit Sommerrestaurant. Die Karte schöpft aus Fjord (Langusten,

**BEI BAUER BJARNE**

**Der Stellplatz Elvathun Gartneri**

Fischsuppe) und Fjell (Hirsch). ***Infos:*** *Juli–Mitte August tgl. ab 13 Uhr | Solvornsstrond | Solvorn | kvitabui.no | €€*

## EINKAUFEN

### 9 Eplet Hostel

Die Obstfarm verkauft 3-Liter-Packs mit ungefilterten Obstsäften und sogar Apfelbeerenmarmelade. Für eine Nacht im zauberhaften Eplet Hostel (Bed & Apple!) könntest du sogar dein Wohnmobil verlassen (Parkplatz vorhanden). ***Infos:*** *Eplet Hostel | Eplet | Solvorn | Tel. +47 416 49 469 | eplet.no*

**Insider-Tipp**

**Ausflug mit Fähre und Rad**

*Rad im Hostel ausleihen (Gäste zahlen den halben Preis), die 7-Uhr-Fähre zur Stabkirche Urnes nehmen und am Fjord entlang zum Picknick am Feigefossen radeln.*

## STELL- & CAMPINGPLÄTZE

### 10 Beim Bauern auf der Wiese mit Aussicht

Nur eine Fahrminute oberhalb des Fähranlegers bietet der sehr nette Bauer Bjarne eine recht ebene Wiese zum Übernachten an. Tolle Fjordsicht. Bjarne verkauft ungefilterten Apfelsaft.

**Stellplatz Elvathun Gartneri**

*€€ | Gamlevegen 23 | Solvorn*
*GPS: 61.300041, 7.239435*

▶ **Größe:** *6–8 Stellplätze, Zimmer im Haus*
▶ **Ausstattung:** *Strom möglich, Dusche inbegriffen. Kleiner, netter Raum zum Zusammensitzen, Toiletten ausbaufähig*

### 11 Mitten im Nationalpark

Wenn du Gletschernähe dem lieblichen Solvorn als Standort vorziehst, bist du hier bestens aufgehoben. Das Nationalpark-Zentrum Breheimsenteret und Wanderwege liegen ganz in der Nähe.

**Jostedal Camping**

*€€ | Jostedalsvegen 3041 | Gjande (Jostedal)*
*Tel. +47 97 75 67 89 | de.jostedalcamping.no/camping*
*GPS: 61.630865, 7.267018*

▶ **Größe:** *40 Stellplätze, 12 ganzjährig verfügbare Hütten*
▶ **Ausstattung:** *Komplett ausgerüstet. Küche, großer Aufenthaltsraum mit Fernseher, freies WLAN*

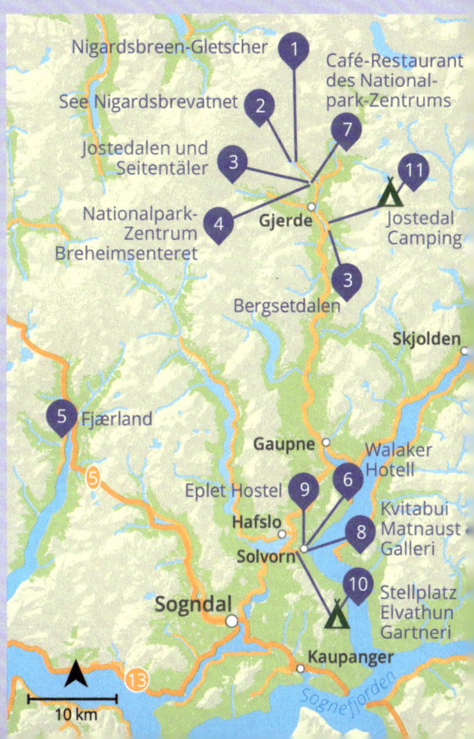

# Lom und Nationalpark Jotunheimen

## Stabkirchen-Andacht und Berge mit Sommerschnee

**Hast du das wilde Sognefjellet, Norwegens höchste Passstraße, überwunden, findest du dich im Ort Lom wieder, mit einer Stabkirche als Ruhepol. Zivilisation also, wäre da nicht der unbändig durch den Ort donnernde Fluss Otta. Und der wilde Jotunheimen-Nationalpark mit seinen 200 Gipfeln über 2000 Meter ums Eck. Also schlüpfst du in Wanderschuhe und besteigst Norwegens Dach, durchstreifst arktische Hochtäler und betrittst eine Eishöhle im Klimapark.**

**ERHABENER HOLZBAU**

Die Stabkirche Lom ist eine der größten erhaltenen Stabkirchen Norwegens

## AKTIVITÄTEN & SIGHTSEEING

### 1 Von Spiterstulen aus durch Jotunheimen wandern

Die ehemalige Bergfarm Spiterstulen ist das Basiscamp auf 1111 m für Wanderungen im höchsten Berggebiet Norwegens. Wilde Pfade führen beschildert durch das Trogtal Visadalen mit dem Gletscherabfluss zu alten Farmresten, Mauerfallen für Rentiere und Gletschereis. Hol dir die Wegbeschreibung in Spiterstulen und marschiere 2 bis 5 Stunden. Oder nutze eine der täglich angebotenen Touren mit Bergführern. ***Anfahrt:*** *33 km/40 Min. südlich von Lom über Fv55 und Fv468* ***Infos:*** *Saison März/April, 20. Mai–Anf. Okt. | spiterstulen.no/de*

### 2 Galdhøpiggen und Glittertind besteigen

Wenn dir nach Gipfelstürmen ist und das Wetter lacht, kommen dir die beiden höchsten Berge Norwegens gerade recht. Glittertind (2464 m) und Galdhøppigen (2469 m) liegen links und rechts von Spiterstulen – zwei Tagestouren. Gut, wenn du hier im Womo übernachtest (s. Spiterstulen Turisthytte S. 87) und früh losziehst.

### 3 Auf Baumkronenpfaden herumtollen

Für jeden Mut gibt's im **Kletterpark Galdhøpiggen** eine Route – insgesamt acht, davon eine für Kinder. Ein Familienspaß also mit viel Gejuchze an den Zipline-Stücken. ***Anfahrt:*** *25 km/25 Min. südlich von Lom auf der Fv55 bis Bøverdalen, dann links nach Galdhøpiggen* ***Infos:*** *Mitte Juni–Mitte Aug. tgl. | 385 NOK, Kinder 135–305 NOK | Tel. +47 61 21 27 99 | aktivilom.no*

### 4 Im Tal Dumdalen durch Grotten klettern

Ein Fluss hat ein System aus Höhlen, Gängen und Sälen ausgegraben, in dem du geführt mit Helm und Kopflampe herumklettern kannst. ***Anfahrt:*** *40 km/40 Min. südlich von Lom über die Fv55* ***Infos:*** *Im Juli Di, Do, So um 9.50 Uhr | Treff mit Führer am Parkstreifen 1 km südlich vom Hüttendorf Bøvertun | bis*

## REGENTAG – UND NUN?

### 5 In Lom Sightseeing machen

Auch bei Regen sind die durch Lom donnernden Stromschnellen ein Hingucker. Danach schaust du dir nebenan im Norwegischen Bergmuseum (Norsk Fjellsenter) die Funde an, die das schmelzende Eis aktuell freigibt. Schließlich steht die Stabkirche Lom auf dem Programm.
***Infos:*** *Norsk Fjellsenter: Mitte Mai–Mitte Juni tgl. 10–16, Mitte Juni–Mitte Aug. 9–19 Uhr | 145 NOK | Kinder 95 NOK | Brubakken 2 | norskfjellsenter.no | Stabkirche: Juni, Sept. tgl. 10–16, Mitte Juni–Mitte Aug. 10–19 Uhr | 100 NOK, Kinder bis 15 J. frei | Bergomsvegen 1 | stavechurch.com*

*18 Uhr am Vortag buchen | Tel. +47 61 21 27 99 | aktivilom.no*

### 6 Im nicht mehr ewigen Eis forschen

Im **Klimapark 2469** und einem 70 m langen Eistunnel auf 1850 m am Berg Galdhøpiggen lernst du viel über tauenden Permafrost, Gletscherschmelze und Ötzi-Objekte, die von Eisfeldern grad freigegeben wurden. Buche eine Führung im Norsk Fjellsenter, Lom. ***Anfahrt:*** *25 km/25 Min. südlich von Lom auf Fv55 bis Bøverdalen, dann links nach Galdhøpiggen; Direktbus Lom-Juvasshytta* ***Infos:*** *Mitte Juni–Mitte Aug. tgl. 2–3 Touren, bis Mitte Sept. Sa, So | 375 NOK, Kinder 185 NOK, Kombiticket mit Bergmuseum Lom erhältlich | klimapark2469.no*

## ESSEN & TRINKEN

### 7 Roisheim Hotel

Das wunderbare Landhotel aus dem 18. Jh. mit 14 Häusern und besuchbarer Kapelle bietet jeden Abend ein Drei- oder Vier-Gänge-Menü (ab 900 NOK) mit passenden Weinen – ein Genuss, für den die Womo-Küche mal kalt bleiben sollte. ***Anfahrt:*** *15 km/13 Min. südlich von Lom* ***Infos:*** *Tgl. | Roisheim, an der Rv55 | Tel. +47 61 21 20 31 | €€€*

### 8 Spiterstulen Turisthytte

Das Dinner ist nicht nur Hüttenstil, sondern beste Qualität mit Produkten von lokalen Farmen, z. B. Brennnesselsuppe gefolgt von Lammraratouille. Es gibt Lunchpakete für Wanderer und ein Kindermenü. Reservieren empfoh-

**DIE BERGE RUFEN**

**Die Spiterstulen Turisthytte ist Ausgangspunkt für Wanderungen**

len. ***Anfahrt:*** *33 km/40 Min. südlich von Lom über Fv55 und Fv468* ***Infos:*** *20. Mai–Sept./Okt. tgl. | Visdalsvegen 1710 | Lom | Tel. +47 61 21 94 00 | spiterstulen.no*

## 9 Brimibue

„Moderne Tradition" nennt Koch Arne Brimi sein Menü. Abends wird gegrillt, von 12 bis 17 Uhr speist du typisch norwegisch. Reservieren. ***Infos:*** *Tgl. | Fossheim Turisthotell | Tel. +47 46 85 42 62 | brimibuehotel.no | €€*

**Insider-Tipp**
**Knäcke aus Lom knabbern**
*Im angegliederten Laden kannst du leckere lokale Produkte für die Womoküche einkaufen.*

### STELL- & CAMPINGPLÄTZE

## 10 Gemütliches Campen im Bergort

Der schöne Platz im Bergdorf Lom auf Mittelgebirgshöhe ist schon etwas älter, aber sauber gehalten. Ideal für Cafés, Museen und die Stabkirche, aber auch die Bergziele sind nur 40 Min. Fahrt nach Süden entfernt. Die Küche ist draußen. Du stehst auf Gras.

**Lom Camping**

*€€€ | Sognefjellsvegen | Lom*
*Tel. +47 61 21 99 50 | lomcamping.no*
*GPS: 61.833695, 8.558978*

- **Größe:** *50 Stellplätze*
- **Ausstattung:** *Komplett ausgestattet, WLAN inbegriffen*

## 11 Geschäftiges Basislager im Nationalpark

Wenn du den Stopp in Jotunheimen für Wanderungen über 1100 m nutzen willst, stellst du dich 200 m nördlich des großen Hüttenensembles auf einen designierten Platz. Tolle Menüs und Lunchpakete (55 NOK) gibt's in der Turisthytte (s. Nr. 8), die beiden Top-Berge liegen rechts und links. Lom ist nur 40 Autominuten nördlich.

**Spiterstulen Turisthytte**

*€ | Visdalsvegen 1710 | Lom*
*Tel. +47 61 21 94 00 | spiterstulen.no*
*GPS: 61.625177, 8.403506*

- **Größe:** *8–10 Stellplätze, viele Zimmer*
- **Ausstattung:** *Toiletten, Duschen*

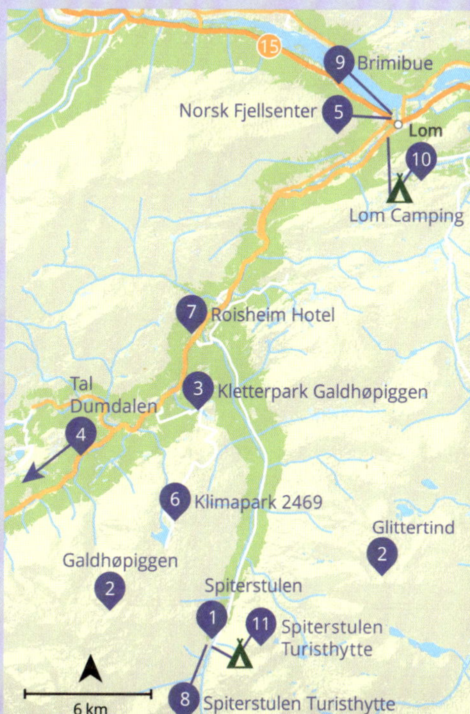

**FELSEN MIT TAILLE**

Der Kannesteinen auf Vagsøy ist sogar auf einer Briefmarke verewigt

# Durchs wilde Fjordland
# Von Bergen nach Ålesund

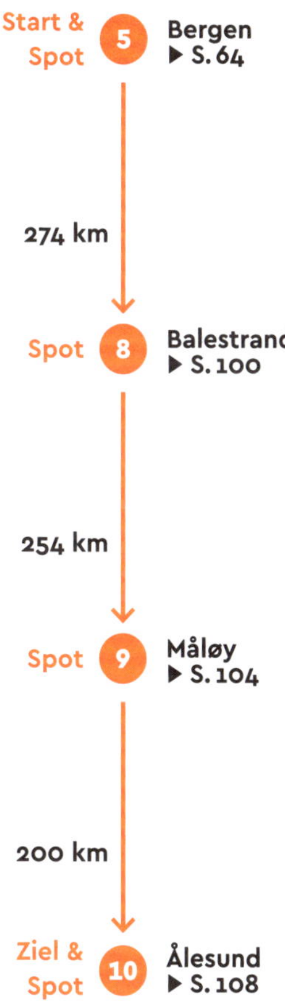


Fjordlands Küstenlinie ist so zerfahren, dass es überrascht, wie gut du vorankommst. Wegen der Tunnel, Fähren und Brücken wird aus gefühlter Unwegsamkeit ein Roadmovie. Mittendrin ziehst du dich in den mächtigen Sognefjord zurück, um dich im lieblichen Ort Balestrand einzukuscheln. Über die Landschaftsroute Gaularfjellet mit ihrer beispiellosen Aussichtsplattform kehrst du zurück zum Ozean. Inselglück in Form von weichen Stränden und robusten Seevögeln findest du auf Bremangersandet, Vågsøy und Runde.

**Strecke** 728 km

**Reine Fahrzeit** 14 Std.

**Streckenprofil** In Küstennähe schmale, kurvige Straßen, entspannt am Fjord

**Anschlusstouren**

C E

FACTS

# Tour D im Überblick

Insel Bremangerlandet

Norskehavet

## Tour-Highlights

An der *Gaularfjellet-Aussicht* über Beton-Eleganz staunen ▶ **S. 95**

Sich auf *Runde* unter Seevögel mischen ▶ **S. 99**

In *Balestrand* perlenden Öko-Cidre verkosten ▶ **S. 102**

Am Sandstrand *Refviksanden* im Auge des Atlantiks campen ▶ **S. 107**

Den Wikinger-Jugendstil in *Ålesund* genießen ▶ **S. 109**

Ålesund
Seite 108
10
Molde
Åndalsnes
E 39
E 136
Fosnavåg
Ulsteinvik
Inselchen Runde
Ørsta
Volda
Måløy
Seite 104
9
Reinheimen nasjonalpark
651
E 39
15
Nordfjordeid
Jostedalsbreen nasjonalpark
Florø
5
E 39
Førde Kunstmuseum
Rastplatz Torsnesstølen
Wasserfall Likholefossen
Gaularfjellet-Aussicht
Sogndal
8
13
Balestrand
Seite 100
E 16
Gulatinget
Stølsheimen landskapsvernområde
13
52
E 39
E 16
Freilichtmuseum Vestnorsk Utvandringssenter
E 16
Vossavangen
Knarvik
13
Hillesvåg Ullvarefabrikk
Kleppestø
Straume
7
E 39
Bergen
Seite 64
5
Osøyro
13
Odda
30 km

# D Tourenverlauf

Start & Spot 5

**Bergen**
Feuchtfröhliche Kulturmetropole am Atlantik ▶ **S. 64**

**37 km** Überall in Bergen findest du deinen Einstieg auf die gut ausgewiesene E 39. Auf nach Norden! Eine Weile fährst du noch an Gewerbegebieten vorbei, dann erreichst du eine lange Brücke, die dich zur kleinen Insel Flatøy bringt. Diese verlässt du aber schnell über die Hagelsundbrücke. An der Kreuzung entscheidest du dich für einen Abstecher von der E 39 nach Osten zu einer ausgeschilderten Wollfabrik – geradeaus bleiben.

## Hillesvåg Ullvarefabrikk

Norweger tragen gern Wollpullover. In der Fabrik bei Hjelmås kannst du dich mit Wolle in allen Farben eindecken (vielleicht kommst du ja unterwegs auf die Masche mit dem Stricken) und natürlich auch mit fertigen Strickwaren. Die seit 1898 bestehende Fabrik zählt zu den zehn zertifizierten Ökomuseen Norwegens.

*i Mo–Fr 9–16, Do 9–18, Sa 10–14 Uhr | Eintritt frei | Leknesvegen 259 | Hjelmås | http://de.visitbergen.com/erlebnisse/tagesausfluge/die-10-besten-autoreisen-ab-bergen/die-wollroute*

**31 km** Nach dem Abstecher fährst du zurück zur Kreuzung mit der Fv57, der du nach rechts abbiegend folgst. Kurz darauf nimmst du die Fv565 nach links auf. In Alversund überquerst du eine einspurige Brücke und fährst weiter in nördlicher Richtung bis zum Ortsschild von Sletta. Wenig später biegst du kurz nach links ab, dem Schild „Vestnorsk Utvandringssenter" folgend.

## Freilichtmuseum Vestnorsk Utvandringssenter

Ein winziges amerikanisches Prärie-Dorf auf einer norwegischen Insel. Um an die Auswanderungswelle aus Westnorwegen zu erinnern, hat dieses Freilichtmuseum eine stattliche Kirche und fünf weitere Häuser norwegischer Amerika-Emigranten vom Ende des 19. Jhs. hergeschafft. Ein charmantes historisches Intermezzo.

*i Mitte Juni–Mitte Aug. Mo, Di, Do 11–16 Uhr | 100 NOK | Hellandvegen 541 | Sletta | muho.no/vestnorskutvandringssenter*

**67 km** Zurück auf die Fv565. Die nicht eben breite aber gut zu navigierende Straße windet sich nach einer Weile über Ausbuchtungen des Atlantiks bis zur Fv57, die dich zur Fähre in Leirvåg bringt. Nach der Überfahrt nach Sløvåg *(20 Min. | fjord1.no)* führt dich die manchmal schmale Fv57 weiter durch die typische Landschaft Vestlands mit Bäumen, Wasserblicken und einzelnen Höfen. In der verstreut und malerisch liegenden Ortschaft Nordgulen biegst du für einen Abstecher links ab auf die Fv7, sobald du die Wikingerstätte Gulatinget ausgeschildert siehst. Nach entspannter Geradeausfahrt auf schmaler Strecke landest du in einem kleinen Hafen kurz vor Eivindvik – an einem Ting der Wikinger.

## Gulatinget

In dieser Art frühem Parlament im Freien trafen und berieten sich die Wikinger vom 10. bis ins 14. Jh., regelten einmal im Jahr Streit und sprachen das eine oder andere Machtwort. Spielszenen auf einer Bühne veranschaulichen die frühe Form der Demokratie und im Sommer gibt es kundige Führungen. Du kannst aber auch Audios lauschen, während du die von etlichen kernigen Skulpturen durchsetzte Ting-Stätte abgehst.

i *Mitte Juni–Ende Sept. Sa, So | Eintritt frei, 45-Min.-Führung 150 NOK, Führungen mit Wikinger-Häppchen 390 NOK, mit 3-Gang-Menü im Gulating Hotel 490 NOK | Tel. für Führung +47 57 78 20 06 | gulatinget.no*

**ALTE HANSESTADT**

**Das Viertel Bryggen in Bergen mit seinen hübschen Handelskontoren**

**BETONOPTIK**

**Eine der drei Betonecken der Gaularfjellet-Aussicht**

**139 km** Zurück geht's zur Kreuzung nach Nordgulen und weiter auf der Fv57, bis du den schier übermächtigen Sognefjord erreichst. Die Fährverbindung Rutledal–Rysjedalsvika *(25 Min. | fjord1.no)* bringt dich hinüber und du bleibst der Fv57 treu, bis du auf den Wegweiser nach Lavik/Leirvik triffst. Dem folgst du nach rechts über die Fv607. Stell dich auf ein gut 100 km langes Roadmovie am Sognefjord, Europas längstem (204 km) und tiefstem (1308 m) Fjord ein. Fast unmerklich gleitet er rechts vorbei, weil das andere Ufer oft 4 km entfernt ist. Immer wieder kommst du auf der entspannten Reise nach Osten durch versprengte Siedlungen. In Lavik findest du eine Tankstelle, nach der du links Richtung Ålesund abbiegst – du bist jetzt wieder auf der E 39. In deren Verlauf findest du immer wieder schöne Plätzchen zum Parken für einen ruhigen Fjordgenuss. In Vadheim wird die Straße wieder zur Fv55. Irgendwann erreichst du dann den traumhaft gelegenen Ort Balestrand, dessen Charme schon den norwegen-verrückten deutschen Kaiser betörte.

**Optionaler Anschluss:** Tour 

Spot 

**Balestrand**

Eldorado für stillen und aktiven Landschaftsgenuss ▶ **S. 100**

**37 km** Nimm erneut die Fv55 auf. Auf malerischer Streckenführung umrundest du den schlanken Esefjord, bevor du nahe dem Dragsvik-Fähranleger links auf die Fv13 biegst. Ein Schild kündigt das Galaurfjellet an, die nächste der norwegischen Landschaftsrouten. Weiter geht die schöne Uferfahrt entlang schmalerer Fjordbuchten, von denen die letzte mit dem Ort Vetlefjorden am Ende am bezauberndsten ist. Ab hier geht es zunächst geruhsam, dann in steilen Kehren ins Gebirge. Plötzlich liegt eine Art Amphitheater vor dir, das erste Highlight der Landschaftsroute.

## Gaularfjellet-Aussicht

Welch eine Bühne für den Blick ins Fjell! Die an drei Ecken in verschiedenen Winkeln hochgebogene Betonplatte wirkt brutal und filigran zugleich und war kompliziert zu bauen. In zwei steilen Aussichtsecken kannst du sitzen, die flachere dritte leitet Regenwasser ab. Solarpanele speichern Sonnenlicht für die Toilette. Diese Betonkonstruktion gehört zu den frappierendsten norwegischen Schau-ins-Land-Plätzen.

*Tiefziehende Wolken sind kein fotografisches Desaster. Nutze einen Filter im Kameramenü, der das Szenario kontrastreich verstärkt.*

**5 km** Der Weg übers Gaularfjellet hüpft durch ein Kaleidoskop aus flachen Seen, graugrünem Gelände und vereinzelten typisch rot getünchten Häusern. Du kannst immer wieder in Buchten stoppen. Ein paar Minuten nach der Beton-Aussichtsplattform stößt du auf ein schlichteres künstlerisches Kleinod an der Route.

## Rastplatz Torsnesstølen

Auf einer runden Platte ist eine Brunnenpumpe angebracht. Das Kunstwerk *Mirage* der Norwegerin Marianne Heier (2016) umfasst noch neun weitere Brunnen – alle in Malawi. Das somit erdumspannende Werk thematisiert die optische Lichtbrechung der Atmosphäre und will in den Blick rücken, was hinterm Horizont liegt. Es entstand in Zusammenarbeit mit UNICEF und thematisiert Gedanken um Verteilung und Kontrolle natürlicher Rohstoffe sowie Kolonialgeschichte, Lebensqualität und Spendenproblematik. Im trockenen Malawi erleichtern die Brunnen den Alltag von 25 000 Menschen und dienen als soziale Treffpunkte.

**10 km** Weiter geht die Fahrt über die 784 m hohe Fjellquerung. Kurz bevor du zum nächsten Stopp kommst, liegt linker Hand das Sommercafé Flatheim (*Juni–Aug. tgl.* | €), ein altes Bauerngehöft. Nach kurzer Weiterfahrt hörst du das Tosen von Wasser, parkst und gehst auf das Geräusch zu.

## Wasserfall Likholefossen

Der kurze, aber breite Wasserfall wird von einer filigranen Stahlbrücke überspannt, die gefühlt fast das tosende Weißwasser zu berühren scheint. Wenn du die Natur der Gaularvassdraget-Flusslandschaft weiter erkunden willst, findest du am jenseitigen Brückenende einen Einstieg in den langen Wanderweg Fossestien, der für eine Weile als Bohlenpfad durch lichten Wald führt.

**51 km** Weiter auf der Route passierst du das Hausmannskost servierende urige Restaurant Eldalstunet (Wochenenden | €-€€). Danach abzweigen nach Førde. Unterwegs endet in Moskog die Gaularfjellroute.

**Insider-Tipp**
**Baden wie in alten Zeiten**

*Für Picknick am und Bad im See plus Wasserfall-Vista stoppst du am Freilichtmuseum Sunnfjord unweit Førde.*

## Førde-Kunstmuseum

So ein Kunstmuseum im 12 000-Seelen-Ort Førde überrascht. Zunächst der bei Tageslicht an das Konzept eines White Cube erinnernde Quader – kühl und großstädtisch. Abends und nachts sorgen kreuz und quer in die fast fensterlose weiße Fassade eingezogenen LED-Leuchtschienen für wechselnde Lichtfarben auf der Außenhaut. Innen bieten die nüchternen Räume Platz für moderne Kunstinstallationen. Der Fokus liegt auf norwegischer und lokaler Kunst: sehenswert! Unten lädt das Café Kobra (€) zu Kuchen und Suppe, oben lohnt sich bei Sonnenschein der Besuch der Dachterrasse.

*i Di–So 11–16 Uhr | 110 NOK | Storehagen 1 A | Førde | sfkm.no*

**127 km** Die nächsten gut 2 Stunden schlängelst du dich durch dünn besiedeltes Fjordnorwegen. Immer wieder gleitest du an langgestreckten Gewässern vorbei, kletterst, sinkst zum nächsten Fjordstück ab. Für die erste Hälfte deiner Reise Richtung Måløy nutzt du die gute Rv5, um dann nach Eikefjord rechts auf die Rv614 Richtung Måløy abzubiegen. In der Einsamkeit der Region (Fylke) Vestland staunst du über die guten Straßen in der sporadisch besiedelten Gegend. Ein Schmelzwerk bestimmt den properen Ort Svelgen, beispielhaft für die lokale Infrastruktur mit Fußballplatz nebst fünfspuriger Laufbahn bestückt. Hier biegst du rechts ab Richtung Måløy. Nach 8 km fährst du in den knapp 5 km langen Bortne-Tunnel auf der Rv616 – ein weiteres Beispiel für Norwegens Straßenbau-Philosophie. Du springst kaum merklich auf die kleine Insel Rugsundøya, dann flott auf das viel größere Gebirgseiland Bremangerlandet, wo du so lang über die gute Fv616 gleitest, bis dich ein Schild nach rechts in Richtung Grotle (FV501) abbiegen lässt. Nach finalen 5 km durch den baumlosen atlantischen Westen kannst du dich mit einem Barfußgang durch den Sand des traumschönen Strands Grotlesanden verwöhnen.

## Insel Bremangerlandet

Der entlegene Strand allein ist die Fahrt wert – und der Aufstieg auf den Berg Veten (527 m), der bei den Bootshäuschen am nördlichen Strandende beginnt. Für die mittelschwer zu gehenden 10 km hoch und wieder runter brauchst du 4 bis 5 Stunden.

**P** *Am Südende des Strands ist ein Parkplatz (GPS 61.841736, 4.897547).*

IM LED-SCHEIN

**Das Førde-Museum bei Nacht**

**ERDLOCHBRÜTER**

**Papageitaucher setzen auf Runde Farbakzente**

**24 km** Fahr die schöne Route, die dich hergebracht hat, wieder zurück. An der Nordseite der Insel nimmst du die Fähre Oldeide–Måløy (*fjord1.no*) für eine halbstündige Fahrt zum Hauptort Måløy auf der Insel Vågsøy. Von Måløy kannst du auf die Tour E wechseln, die dich auch nach Ålesund führt. **Optionaler Anschluss:** Tour E

Spot 

## Måløy

Entlegene Naturgenüsse am wilden Atlantik ▶ **S. 104**

**116 km** Nimm die Rv15, die dich zunächst über die Brücke Måløybrua und dann ans Nordufer des hier mündenden Nordfjords führt. Die ruhige Fahrt ist von Bäumen begleitet – du hast die kahle Westküste verlassen. Nach einer knappen halben Stunde taucht links der Abzweig nach Ålesund auf. Der Fv61 folgst du nordwärts, bis du bald mit dem Vanylvsfjord wieder den Anschluss zur Westküste findest. Nimm die Fähre von Koparneset nach Arvik (*norled.no* | *10 Min.*) Du rollst gemütlich auf der Fv61, bis du den Abzweig nach Fosnavåg linker Hand nimmst. Ab jetzt folgst du der Fv654 nach Norden. Hinter dem Abzweig Richtung Fosnavåg nach rechts beginnt ein Inselhüpfen über Brücken. Bald ist auch das Inselchen Runde ausgeschildert und schließlich musst du für das letzte, von buckelnden und sich windenden Brücken geprägte Wegstück auf die Fv18 wechseln.

## Inselchen Runde

Norwegens südlichste Vogelklippen. Jährlich finden sich Hunderttausende brütende Seevögel in den Klippen ein. Zwischen Mai und August brennt die Luft, weil Basstölpel, Trottellummen und Co. ihre Jungtiere füttern, bis diese zum Teil schwerer sind als ihre Eltern. Die bis zu 100 000 Papageitaucher sind die buntesten Hingucker. Sie besetzen jedes Jahr Erdlöcher, in denen ihre Jungen leise knurrend auf schnabelgerecht servierte Mahlzeiten warten. Tölpel thronen auf Felsnestern, die in den letzten Jahren bunter geworden sind, weil die großen Vögel Taustücke, Stricke und leider auch Plastik beim Bau verwenden. Übernachtungstipp: Campingplatz Goksöyr bei Vogelklippen.

*Goksöyr Camping | Goksøyrvegen 51 | Runde | Tel. +47 70 08 59 05 | insel-runde.de | € | 40 Stellplätze | GPS 62.404431, 5.624418*

*Schütze deinen Kopf gegen die Attacken der braunen Skuas und die Auswürfe der übel spuckenden Eissturmvögel.*

**Umweltzentrum Runde Miljøsenter**
Das prächtige Runde Miljøsenter ist ein Muss, wenn du nicht nur schauen, sondern auch etwas über die atlantische Umwelt erfahren möchtest. Es gibt ein Café und einen alten Schiffschatz.

*Mitte Juni–Mitte Aug. tgl. 10–15 Uhr | geführte Wanderungen 1,5–5 Std. 345–995 NOK, Kinder bis 16 J. gut die Hälfte | rundecentre.no*

**84 km** Verlass Runde über die Brückenstrecke Richtung Hareid. Du stößt wieder auf deinen Abzweig auf die Fv61 und wendest dich nach Hareid. Nach dem Fährtrip Hareid–Sulesund (*fjord1.no | 23 Min.*) folgst du weiter der Fv61, bis du kurz vor Ålesund in einem Kreisverkehr nach links Richtung Lerstad abbiegst und wenig später dein Ziel erreichst.

**Ålesund**
Steinerne Stadt am Wasser im Wikinger-Jugendstil ▶ S. 108

Spot 8

# Balestrand
## Eldorado für stillen und aktiven Landschaftsgenuss

**Der Ort am Eck von Sogne- und Esefjord wirkt klein, aber fein. Häuser im norwegischen Drachenstil waren einst die Domizile von Malern, die sich wegen der schönen Landschaft hier niederließen. Eine lange Tradition haben auch die Versaftung und Fermentierung von Öko-Obst sowie das bezaubernde Kviknes Hotel. Neben kontemplativem Genuss kannst du aktiv in die Landschaft eintauchen – im Kajak oder Schnellboot, beim Aufstieg zum Hausberg oder beim Spaziergang am Fjordufer zu einem Ministrand sowie einem das Freiluftleben feiernden Pavillon.**

P *Am Hafen (GPS 61.210325, 6.536338)*

**AUF FJORDWASSER**

Sognefjord und Boot bilden eine meditative Einheit

## AKTIVITÄTEN & SIGHTSEEING

### 1 Am Fjord auf dem Holzweg wandeln

Auf einem 2-km-**Fjordufer-Spaziergang** geht's historisch durch den so malerisch platzierten Ort. Vom famosen Kviknes-Hotel (1752, s. S. 102) geht's südwärts über die Sträßchen Kong Beles Veg und Villavegen. Vorbei an einer nachgebauten Stabkirche (1897), mit nordischer Drachenmotivik verzierten roten Nationalvillen (1890) und einem süßen Mini-Strand. Schönes Holzwegfinale: Studenten bauten 2022 den offenen Ufer-Pavillon Livd (Leben) aus Ziegeln, Beton, Holz – Symbol für Freude am Draußensein und Architekturideen zur Klimasituation.

### 2 Den Sognefjord per Kajak erpaddeln

Die wunderbarste Art, den Sognefjord und den schmalen Esefjord von Balestrand aus aktiv zu erkunden, ist das Seekajak-Paddeln. Die Ausrüstung wird gestellt, ein Neoprenanzug kostet extra. ***Infos:*** *Mai–Aug. tgl. | Ausleihe ab 3 Std. 450 NOK, geführt 890 NOK | Am Hafen | Balestrand | Tel. +47 92 23 28 07 | kayak-balestrand.no*

### 3 Den Sognefjord im Schlauchboot erkunden

80-minütige Schnellboottrips von **Balestrand Adventure**. Zu den Stopps gehören das Ende des schmalen Esefjords, das Landschaftsmaler inspirierte, sowie der Wasserfall Kvinnafossen. Gegenüber in Vangsnes bestaunst du die wuchtige und sagenbehaftete Fridtjof-Statue, von Kaiser Wilhelm II. gestiftet und 1913 vor 5000 Menschen enthüllt. Hinüber geht's zur Insel Kvamsøy, dann zurück zum Start. ***Infos:*** *April–Okt. tgl. 13 Uhr | 980 NOK | Kai | Balestrand | Tel. +47 94 8 77 50 | balestrandadventure.no*

### 4 Die Wanderstiefel für den Raudmelen schnüren

Steil steigt das Gebirge hinter Balestrand an, entsprechend toll sind die Ausblicke auf den Fjord. Tipps und Karten gibt's bei der Tourist Information am Hafen. Die Wanderung auf den Raudmelen (972 m) und zurück führt über von Sherpas gebaute Steintreppen; sie dauert 6 Stunden, kann aber auch nach 3 km/1 Std. bei Orrebenken (370 m) abgebrochen werden. ***Infos:*** *visitbalestrand.com/de/aktivitaeten.html*

## REGENTAG – UND NUN?

### 5 Im Museum Reiselust erforschen

Das **Norsk-Reiselivs-Museum** ist ein ungewöhnliches Reisemuseum direkt am berühmten Kviknes Hotel. Wie sich seit dem 19. Jh. der Ruf Norwegens als Reiseland bis heute entwickelt hat, ist gut präsentiert. Es gibt auch Sonderausstellungen. Das Vindreken-Café bietet eine schöne Aussicht. ***Infos:*** *Juni–Sept. Di–So | 110 NOK, Kinder frei | misf.no/norsk-reiselivsmuseum*

## ESSEN & TRINKEN

### 6 Kviknes Hotel

Seit 1872 kümmert sich die Familie Kvikne in dem großen und großartigen Hotel aus Holz um maximal 190 Gäste. Die Lage direkt am Fjord ist voller Poesie und die Aussicht von den Fensterplätzen des großen Restaurants entsprechend. Um im Restaurant einen Tisch für das reichhaltige Sommerbuffet oder das 4-Gänge-Menü im Balholm Bar Bistro zu reservieren, musst du kein Hotelgast sein. ***Infos:** Kviknevegen 8 | Balestrand | Tel. +47 57 69 42 01 | kviknes.com | €€-€€€*

### 7 Café Fløyfisken

Das Café-Restaurant am Mini-Bootshafen ist der ideale Ort, um frisch gebackenen Kuchen, Austern oder Fisch zu essen. ***Infos:** Juni–Sept. tgl 9–17 Uhr, sonst kürzer | Holmen 2 | Balestreand | Tel. +47 98 09 09 88 | €-€€*

### 8 Dragsvik Fjordhotell

Kleines Hotelrestaurant, große Wirkung. Hirschburger oder Apfelkuchen sind leckerste Beilagen für den famosen Fjordblick bis zur Gletscherzuge Jostefonn. ***Anfahrt:** 9 km von Balestrand auf der anderen Seite des Esefjords* ***Infos:** Mai–Sept. tgl. | Dragsvik | Balestrand | Tel. +47 57 69 44 00 | dragsvik.no | €€*

## EINKAUFEN

### 9 Ciderhuset

Genial inmitten von organisch wachsendem Obst am Fjord gelegen. Informiere dich bei einem Crashkurs über die Herstellung von stillem und moussierendem Cidre der Eigenmarke Balholm *(mit Verkostung 775 NOK)*. Beim Essen wird dir pro Gang der passende Cidre serviert. Reservieren. ***Infos:** Shop: Juni–Aug., Restaurant: Juli/Aug., beide Mo–Sa | Sjøtunsvegen 32 | Balestrand | Tel.*

**POETISCHE FJORDLAGE**

**Das Kviknes Hotel ist ein Holzprachtbau im alten Stil**

*+47 90 83 56 73 | ciderhuset.no | €€-€€€*

## STELL- & CAMPINGPLÄTZE

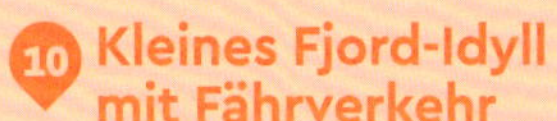

### 10 Kleines Fjord-Idyll mit Fährverkehr

Der schöne Campingplatz (schon ab Mitte Sept. geschl.) auf dem Dragsvik-Halbinselchen wird auf zwei Seiten vom Fjord umarmt und liegt genau gegenüber von Balestrand am nördlichen Ufer des schmalen Esefjords. Keine 5 Gehminuten entfernt endet die Halbinsel in einer kleinen bewaldeten Anhöhe – ein guter Ausguck. 10 km von Balestrand, wunderschön am Fjord entlang über die Fv55 (Fahrradtipp!).

*Zirbelkiefer, Sequoia, Araukarie und Co. – hinter dem blauen Ortsschild Dragsvik rechts am Fjordufer stehen sechs monumentale Bäume.*

**Veganeset Camping**

*€€ | Dragsvik 15*
*Tel. +47 57 69 16 12 | veganesetcamping.no*
*GPS: 61.215921, 6.562095*

▶ **Größe:** *25 Stellplätze, 7 Hütten*
▶ **Ausstattung:** *Komplett ausgestattet. Kostenloses WLAN und kleiner Kiosk. Zelten möglich.*

### 11 Klammheimlicher Stellplatz hoch überm Fjord

Verstecktes Plätzchen 600 m überm Fjord bei der kleinen Saurdal-Skiarena, wo im Winter fast nur Einheimische in die Loipe gehen. Der Parkplatz liegt 8 km südlich von Balestrand über die Fv55, dann am Schild für Saurdal die letzten gut 6 km bergauf über eine schmale Allwetterpiste. Nur für kleine Womos.

**Stellplatz Saurdal Skiarena**

*GPS: 61.148609, 6.503682*

▶ **Größe:** *3–4 Stellplätze*

# Måløy
## Entlegene Naturgenüsse am wilden Atlantik

**An der Mündung des Nordfjords erreichst du die raue Seite Fjordnorwegens. Die Inseln Vågsøy und Bremanger sind baumlos und dem oft stürmischen Ozeanklima ausgeliefert. Måløy auf Vågsøy hat einen herben, aber herzlichen Charme, den du vom Hausberg Veten bei Sonne aber von seiner lieblichen Seite erleben kannst. Genauso wirst du dem Zauber des entlegenen Sandstrands Refviksanden erliegen. Künstlerisch wertvoll hat natürlicher Abrieb den Kannesteinen gestaltet. Karge, großartige Einsamkeit am Atlantik.**

**KARIBIKFEELING**

Refviksanden besticht mit seinem weißen Sand

## AKTIVITÄTEN & SIGHTSEEING

### 1 Den Hausberg Veten von Måløy aus besteigen

Es geht auf die Höhe, wo die Wikinger ihr Warnfeuer errichteten. Leicht bewältigst du die etwa 430 Höhenmeter, um dann vom Gipfel Veten (613 m) durch einen überragenden Blick auf Måløy belohnt zu werden. Mit Glück kannst du Ankunft oder Abfahrt eines Hurtigruten-Schiffs beobachten. Wer nach dem gut einstündigen Aufstieg noch mehr Höhenluft schnuppern möchte, kann die beiden etwas niedrigeren Nachbargipfel Gottrøysa und Brurahornet über nur leicht abfallende Sättel ansteuern. ***Infos:*** *westcoastpeaks.com/Peaks/brurahornet.html | Startpunkt ist der Stausee Skramsvatnet am Fussballstadion auf 180 m.* ***Parken:*** *GPS 61.934187, 5.102612*

### 2 Dem Kannesteinen um die Taille greifen

Der etwa 4 m hohe solitäre Stein ist eine fotogene Berühmtheit – er schaffte es sogar auf eine Briefmarke. Ständiger Meeresabrieb hat ihn so tailliert, dass er einer Walfluke ähnelt. ***Anfahrt:*** *Von Måløy folgst du der Ausschilderung und der Küstenstraße Fv617 für 10 km/16 Min, nachdem du die Fjordbrücke unterquert hast. Am Stein ist die Straße zu Ende (GPS 61.970382, 5.069144).*

*Mit etwas Geschick erklimmt Ihr zu zweit den Stein – Kuss und Klick verewigen die Romantik über den Wellen.*

### 3 Am Strand Refviksanden entspannen

Refviksanden ist ein ziemlich idealer Strand von über 1 km Länge kurz vor dem Ende der Welt. Der ganze Stolz der Vågsøy-Insulaner wird im Frühjahr von Schulkindern gesäubert, damit er wieder karibisch lockt. ***Anfahrt:*** *Nimm die Fv617 Richtung Raudeberg, wo du der Beschilderung folgst. Der Strand liegt 10 km/16 Min. von Måløy entfernt.*

### 4 Die drei Leuchttürme von Vågsøy erobern

Die tief ausgebuchtete Insel hat drei Kaps mit Leuchttürmen. Von Måløy kommend kannst du **Hendanes Fyr** auf deinem Weg zum Kannesteinen mitnehmen, wenn du unterwegs nach links abbiegst und der Beschilderung folgst. Am Ende der Straße musst du noch eine gute Viertelstunde laufen. **Skongenes Fyr** erreichst du von Refviksanden nach Nordosten (4,5 km), wobei du etwa 20 Minuten zu Fuß gehen musst. **Kråkenes Fyr** steuerst du von Refviksanden aus an und biegst nach dem See Refvikvatnet nach rechts auf die gewundene Rv600 ab (18,5 km). Du kannst direkt bis zum Leuchtturm fahren. ***Parken:*** *Jeweils am Straßenende*

### 5 Die Seeklippe Hornelen besteigen

Fitte Bergwanderer werden sich Norwegens höchste Seeklippe auf der Insel Bremangerlandet vornehmen. Die Wetterprognose (*yr.no*) sollte gut sein, denn ohne die irre Aussicht ist die lange Kletterei über ausgewiesene Pfade umsonst. ***Anfahrt:*** *Fähre nach Oldeide, dann 11 km über Fv616 und Fv575 Richtung Berle und Hornelen* ***Infos:*** *fjordwelten.de/hornelen-wanderung/?utm_content=cmp-true |* ***Parken:*** *Lisete Wanderer-Parkplatz GPS 61.832928, 5.140144*

## ESSEN & TRINKEN

### 6 Kraftstasjonen

Entschieden das leckerste Essen in Måløy. Gemüse und Salat sind hier keine Fremdwörter. Passend zur kühlen Küste gibt's Kohlgerichte, dazu Wild mit Preiselbeeren oder ganz frischen Fisch, alles mit Hingabe serviert. Auch die gemütliche Atmosphäre unterm Schrägdach ist einladend. Tolle Fischsuppe. ***Infos:*** *Mo–Sa | Gate 1 19 | Måløy | Tel. +47 913 9 80 91 | Facebook: Kraftstasjonen | €€*

### 7 Havna Versthus

Etwas muffige 50er-Jahre-Wirtshaus-Aura, aber das Wildragout mit Preiselbeeren ist lecker. ***Infos:*** *Tgl. | Gate 1, Nr. 66 | Måløy | +47 46 11 21 34 | Facebook: Havnavertshus | €-€€*

## EINKAUFEN

### 8 Havfruen

Im (typisch für Måløy) wenig ansprechenden Gebäude befindet sich ein Fischgeschäft, direkt am Hafen. Du kannst also hier deinen Fisch frisch für die Womo-Küche kaufen oder im Restaurantbereich einen Muschelteller, Burger (auch fleischlos) oder gute Fish & Chips essen (22 €). Drinnen Top-Ambiente. Erstaunlicherweise braut man selber leckeres Bier und offeriert auch einige Weine. Rau, aber herzlich. ***Infos:***

**AM ENDE DER WELT**

**Der romantische Stellplatz Kråkenes Fyr**

*Mo–Sa bis 16 Uhr | Torget 16 | Måløy | Tel. +47 57 85 23 36 | €€-€€€*

## STELL- & CAMPINGPLÄTZE

### 9 Ganz weit draußen nicht ganz alleine stehen

Eins der verschwiegensten Plätzchen an der Westküste, nur 4 Gehminuten vom Leuchtturm entfernt. Ende-der Welt-Ambiente. Schöner melancholischer Meerblick. Relativ ebener Parkplatz, vielleicht etwas windanfällig.

Insider-Tipp
**Fangfrische Makrelen**
*Wirf vom alten Pier deine Angel aus und fang mit etwas Glück eine Makrele.*

**Stellplatz Kråkenes Fyr**

*GPS: 62.034672393461, 4.9861836433410*

- **Größe:** *7–8 Stellplätze*

### 10 Hafenparkplatz der Kommune

Norwegen-typischer kleiner asphaltierter Parkplatz im Hafen. Praktisch, wenn du in der Nähe der wenigen Restaurants bleiben möchtest.

**Stellplatz Måløy Hafen**

*€ | Sjøgata | Måløy*
*GPS: 61.932452, 5.112656*

- **Größe:** *6 Stellplätze*
- **Ausstattung:** *Strom, Wasser*

### 11 Strandurlaub im Nirgendwo

Der reguläre Campingplatz im Gras hinterm wunderschönen Strand ist fast so entlegen wie das Kråkenes Fyr, aber bei Sonnenschein viel geselliger. Die etwas vernachlässigten Toiletten und Duschen bestärken das Gefühl eines Nomaden-Platzes. Immerhin säubern Schulkinder im Mai den Strand. Ein Platz zum Bleiben und Strandleben mit Volleyballspiel Genießen. Bei gutem Wetter!

**Refviksanden Camping**

*€€ | Nordvågsøyvegen | Refviksanden*
*GPS: 62.00171, 5.086231*

- **Größe:** *ca. 15 Stellplätze*
- **Ausstattung:** *Strom, Wasser, Entsorgung, im Sommer Mini-Kiosk*

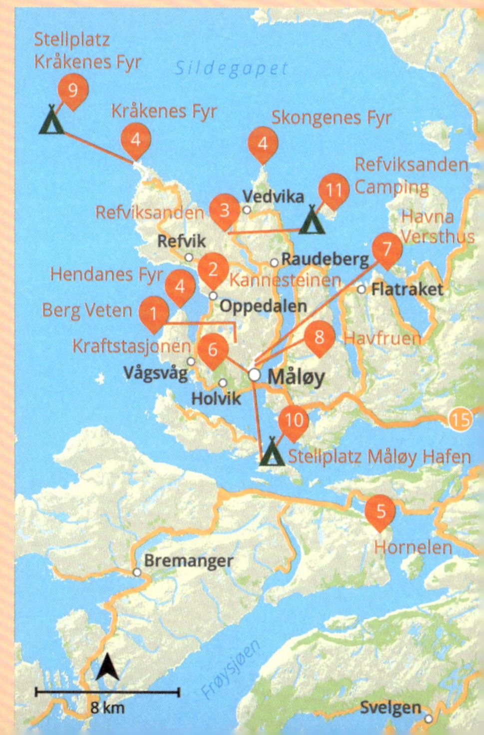

# Ålesund
## Steinerne Stadt am Wasser im Wikinger-Jugendstil

**Fast majestätisch wirkt das kleine Venedig Norwegens, auch weil der deutsche Kaiser der total abgebrannten Stadt am Meer für den Wiederaufbau im Wikinger-Jugendstil beisprang. Dafür kannst du schon mal die 418 Stufen zum Hausberg erklimmen – des Landes schönste Aussicht auf urbanes Leben am Rand des Kontinents. Der kuriose Weg durch Tunnel zum Insel-Leuchtturm auf Godøya liegt nahe. Bei den Grundfesten der untergegangenen Metropole Borgund steht heute ein Freilichtmuseum mit alten Booten.**

**IM MORGENDUNST**

**Blick auf die Stadt vom Aksla-Berg**

## AKTIVITÄTEN & SIGHTSEEING

### 1 Vom Berg Aksla die Stadt fotografieren

Der Hausberg von Ålesund ist nur 189 m hoch, aber die Aussicht auf die Stadt am Wasser, Inseln und die Sunnmøre-Alpen am linken Horizont ist fabelhaft. Du kannst vom Stadtzentrum über 418 Stufen nach oben laufen. Dort findest du ein Café-Restaurant, einen Weltkriegsbunker und die weitere Aussicht vom Fels Kniven. Frühmorgens und spätabends ist es am schönsten.

### 2 In norwegischer Art nouveau schwelgen

Diese Stadt kennt keinen Holzbau. Was daran liegt, dass Ålesund nach dem Großbrand von 1904 von 50 Architekten geplant in sieben Jahren holzfrei der Asche entstieg. Den speziellen norwegischen Jugendstil mit Wikingermotivik kannst du auf beiden Seiten des die Stadt teilenden schmalen Sunds bewundern. Die spannende Geschichte wird im **Jugendstilzentrum** erzählt. ***Infos:*** *Jugendstilsenteret & Kube | Di–So 11–16 Uhr | 110 NOK, Kinder frei | Apotekergata 16 | Ålesund | vitimusea.no/musea/jugendstilsenteret-kube*

### 3 Auf die Insel Godøya zum letzten Leuchtturm fahren

Inselfieber? Etwas kurios ist die Anreise von Ålesund nach Godøya. Du fährst nämlich vom Stadtgebiet durch mehrere Tunnel bis zu deiner Zielinsel. Dort steuerst du den Leuchtturm in Alnes an und genießt den maritimen Flair und die Waffeln im Café am Leuchtturm. Du kannst auch den 500-m-Hügel Stortinget in 2 Stunden besteigen (4 km) und wieder zum kleinen Parkplatz zurücklaufen. ***Anfahrt:*** *Richtung Vigra-Flughafen über die Fv658 bis Godøya, 17 km/20 Min. von Ålesund* ***Parken:*** *GPS 62.467317, 5.986663*

### 4 Häuser und Boote aus alter Zeit besuchen

Das **Sunnmøre Museum** ist eines der spannendsten Freilichtmuseen, weil du neben 50 Gebäuden auch Schiffsnachbauten aus der Vor-Wikingerzeit (ca. 690 n. Chr.) zu sehen bekommst. Zusätzlich siehst du auch die Fundamente der im Mittelalter bedeutenden Handelsstadt Borgund (ca. 1000–1600). Das Areal liegt malerisch an einem See. ***Infos:*** *Di–Fr 11–18, Sa/So 12–16 Uhr |*

## REGENTAG – UND NUN?

### 5 Im Meerwasser-Aquarium abwettern

Das **Norske Aquarium Atlanterhavsparken** ist das erste norwegische Meeresforschungszentrum. Taucher sind im Kontaktwasserbecken unterwegs und zeigen sich mit allerlei Meeresbewohnern. Es gibt ein Café und einen guten Laden mit Büchern und Souvenirs. ***Infos:*** *Juni–Aug. tgl. 10–17 Uhr | 225 NOK, Kinder 100 NOK | Tuenesvegen | Ålesund | atlanterhavsparken.no*

*110 NOK, Kinder frei | Museumsvegen 12 | Ålesund | vitimusea.no/musea/sunnmoere-museum*

## 6 Stadtführung im Kajak mitmachen

Wassersport mitten in der City! Du erfährst alles über die schöne Stadt am Meer während einer geführten Seekajakfahrt mit **Uteguiden** durch den Ålesundet und vorbei an den Kreuzfahrtschiffen. Für Anfänger gut geeignet. ***Infos:*** *Uteguiden: Mai–Aug. 1–2 x tgl. | 639 NOK für 2,5 Std. | Notenesgata 3 | Ålesund | Tel. +47 41 24 27 21 | uteguiden.com*

## ESSEN & TRINKEN

### 7 Sjøbua

Wunderbar in ein renoviertes Lagerhaus eingepasstes Meeresfrüchte-Restaurant, so nah am Wasser, dass die Fische aus dem Ozean auf den Teller springen könnten. Nicht preiswert, aber seinen Preis wert. ***Infos:*** *Mo–Fr 17–22, Sa 12–22 Uhr | Brunholmgata 1 | Ålesund | Tel. +47 70 12 71 00 | sjoebua.no | €€€*

### 8 XL-Diner

City-Atmo im Großrestaurant in Polepostion am Wasser. Entsprechend beliebt – reservieren! Angeblich das größte Bacalhao-Retaurant Europas. ***Infos:*** *Mo–Do 18–24, Fr/Sa 17–24 Uhr (Küche bis 22 Uhr) | Skaregata 1B | Tel. +47 70 12 42 53 | xldiner.no | €€-€€€*

**Insider-Tipp**
**Klippfisch hoch drei**

*Im XL-Diner gibt es ihn auf spanische, italienische und portugiesische Art.*

### 9 Racoon Coffee

Bezahlbare leckere Salate und hausgebackene Dinkelsandwiches. Vegane

**PADDELFÜHRUNG**

**Ålesund kann man gut per Kajak erkunden**

Optionen. Guter Kaffee und gesundes Frühstück. ***Infos:*** *Mo–Fr 7.30–18, Sa, So 9–18 Uhr | Kongensgate 6 | Ålesund | Tel. +47 96 91 95 88 | racooncoffee.no | €-€€*

## STELL- & CAMPINGPLÄTZE

### 10 Reihenhaus-Anmutung im Hafen

Nüchterner Parkplatz am Hafen. In der ersten Reihe am Wasser gelingt ein direkter Blick auf die vorbeischleichenden Hurtigruten-Schiffe. Kann im Sommer eng werden.

#### Stellplatz Hjelsetgården

*€€ | Sorenskriver Bullsgate 33 | Ålesund*
*Tel. +47 70 16 21 28, 70 16 21 25*
*GPS: 62.476473, 6.159002*

- **Größe:** *Ca. 50 Stellplätze*
- **Ausstattung:** *Es gibt ein Servicegebäude mit Toiletten und Duschen. Strom, Toiletten- und Abwasserentsorgung im Preis inbegriffen.*

### 11 Stadtnaher Campingplatz ohne Charme

Der einzige echte Campingplatz in unmittelbarer Stadtnähe (2,5 km östlich). Wirkt etwas lieblos und kann im Sommer voll werden. Der große Aufenthaltsraum ist ein Plus, die Sanitäranlagen eher nicht.

#### Volsdalen Camping

*€€€ | Sjømannsvegen 1 | Ålesund*
*Tel. +47 70 12 58 90 | volsdalencamping.no*
*GPS: 62.469622, 6.198048*

- **Größe:** *50 Stellpätze, 13 Hütten*
- **Ausstattung:** *Komplett ausgestattet*

### 12 Einfach nur schlafen

Wohl weil hier auch Norweger stehen, ist das kostenfreie Parken zwischen Aquarium und Fußballstadion nicht verboten. Abenteuerpfad für Kinder im Wald nur 1 Minute entfernt. Vom Aquarium fährt der Bus die 3 km in die Stadt. Löchriger Asphalt, aber nicht so windanfällig.

#### Parkplatz am Atlanterhavsparken

*Meskarvegen 454 | Ålesund*
*GPS: 62.4678, 6.1025*

- **Größe:** *Ca. 20 Stellplätze*

**NICHT ÜBERHOLEN**

Auf der Landschaftsroute Gamle Strynefjellsvegen

# Straßenwunder zwischen Sognefjord und Atlantikküste
# **Von Måløy nach Ålesund**

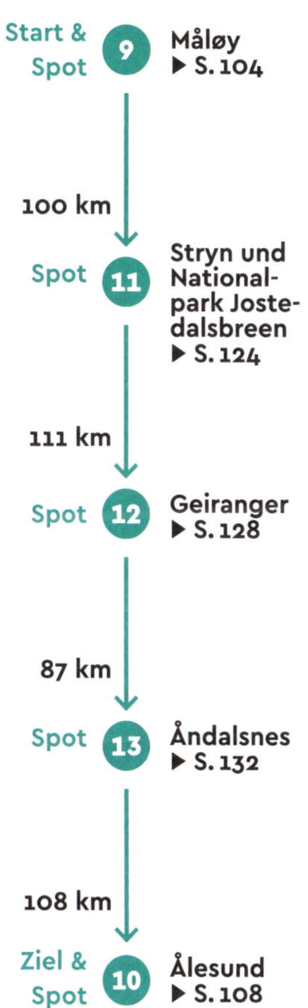


Der weite Bogen von der rauen Insel Vågsøy zum zivilisierten Art-nouveau-Stil von Ålesund am selben Ozean führt dich tief in den Nordfjord hinein, vorbei an einem Wikingerschiff und Fjordpferden. In Stryn gerätst du von Norden her ins Jostedalsbreen-Gletscherland. Auf den gewundenen Pfaden der Landschaftsrouten Gamle Strynefjellsvegen und Geiranger-Trollstigen kommst du vor lauter Aussichtsarchitektur kaum zum Fahren. Auf dem Geirangerfjord entfliehst du dem Trubel im Kajak.

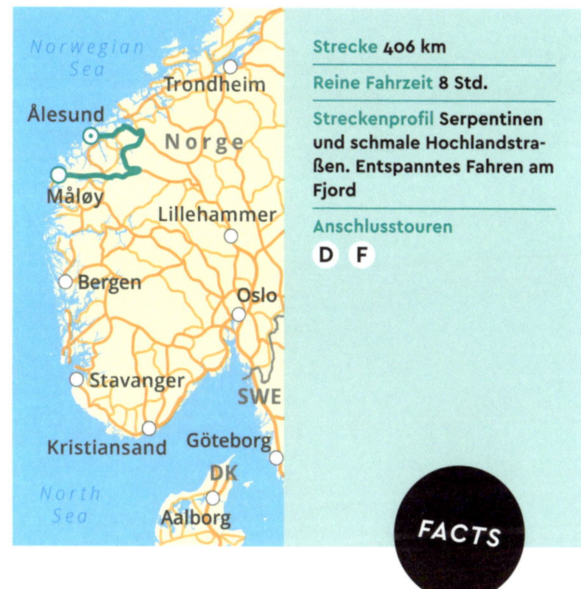

# Tour E im Überblick

ukrasanden
Malmefjorden
Hollingen
Kleive
Molde
E 39
Hjelset
Eidsvåg
70
Røvika
Hovdenakkvågen
sund
Nesjestranda
Sunndalsøra
Holssanden
Vestnes
Tomrefjord
E 136
Åndalsnes
Seite 132
13
E 39
dje
Sjøholt
Trollstigen-Aussicht
Stordal
Dalsida
landskapsvernområde
Stranda
Gudbrandsjuvet-Aussicht
E 136
Geiranger
Seite 128
Reinheimen
nasjonalpark
12
Flydalsjuvet-Aussicht
lsnibba-Aussicht
15
15
Olden
Jostedalsbreen-
Nationalparkzentrum
in Oppstryn
tryn und Nationalpark
Jostedaldsbreen
Seite 124
Tour-Highlights
Mit dem Loen-Skylift zu Aussichten über Fjorde und Gletscher schweben ▶ S. 125
Im Nationalpark Jostedalsbreen über Gletscher wandern ▶ S. 125
Mit dem Kajak zu den Wasserfällen am Geirangerfjord paddeln ▶ S. 129
Mit dem Mini-E-Mobil zu Geirangers Aussichten rollen ▶ S. 130
Über Andalsnes zum Rampestreken aufsteigen ▶ S. 133

# E Tourenverlauf

Start & Spot 9

**Måløy**
Entlegene Naturgenüsse am wilden Atlantik ▶ S. 104

**55 km**

In Måloy startet deine Reise in den Nordfjord gleich mit einem Höhepunkt. Die Fahrt über die Måløy-Brücke führt dich 42 m hoch über den Måløystraumen, den ziemlich bewegten Måløy-Sog. Bei Wind singt die Brücke. Drüben nimmst du die Rv15 nach Osten auf. Die einstündige Reise am Nordufer des Fjords beginnt mit von Kiefern und Wiesen gesäumten Streusiedlungen. Den 2 bis 4 km breiten Fjord siehst du nur stellenweise. Nach etwa 20 Fahrminuten lockt dich kurz nach dem Ortsschild Bryggja ein Abstecher nach rechts zu einer Bäckerei. Parallel zur Hauptroute fährst du kurz zum Fjordufer in das Dorf und findest linker Hand die nicht zu verfehlende Bäckerei. Hier kannst du dich mit leckerem Brot eindecken. Keine Minute später schwingt die Uferstraße wieder zurück auf die Rv15. Nach kurzer Fahrt fällt dir rechter Hand plötzlich ein stark gesichertes Gebäude auf. Hier befindet sich das Datenzentrum Lefdal, nicht das einzige seiner Art. Daten-Clouds werden in einem großen Tunnelsystem gelagert, weil die wichtige Kühlung mit 9 °C kaltem Fjordwasser ohne Energieeinsatz so simpel ist. Das ist Norwegens Antwort auf die marktführenden Datenspeicher in den USA. Auf dem letzten Stück vor Nordfjordeid begleitet die gute Straße den Fjord.

## Nordfjordeid

Der 2800-Seelen-Ort liegt am Ende eines Fjordarms namens Eidfjord. Trotz seiner geringen Größe ist Nordfjordeid ziemlich bekannt. Es gibt ein Opernhaus und ein jährliches Rockfestival. In der Eidsgata und der Tverrgata findest du weiß getünchte Häuser im Schweizer Stil – Norwegens bürgerliche Bauweise der Vergangenheit.

**P** *Mehrere Möglichkeiten entlang der Sjøgata direkt am Wasser. Deine Tanks kannst du übrigens an der Esso-Tankstelle leeren (GPS 61.912257, 5.980588).*

**Zentrum für norwegische Fjordpferde**
Pferdefreunde besuchen das Norsk Fjordhestsenter. 1907 wurde eine Reinzucht der Fjordinger begonnen, nachdem Kreuzungsversuche mit ostnorwegischen Rassen erfolglos blieben. Du kannst die robusten

braunen Kleinpferde draußen beobachten und dir ein, zwei Reitstunden gönnen, auch als Anfänger.

*i Mo–Fr 9–15 Uhr | Führung ab 250 NOK, 1,5 Std. Panoramaritt (bis 80 kg) 850 NOK | Myroldhaugvegen 95 | Tel. +47 786 48 00 | norsk-fjordhestsenter1.trekksoft.com/de/aktivitaten*

**Sagastad-Wikingerzentrum**
Der größte norwegische Nachbau eines 30-m-Ruderboots wird in dem eigens dafür gebauten Wikingerzentrum ausgestellt. Über das Boot, das für die Bestattung eines lokalen Königs angefertigt wurde, und recht gruselige Begräbnissitten erfährst du mehr in einem Video. Einmal im Jahr wird das Boot aus dem Museum zu Wasser gelassen.

*i Mai–Okt. Mo–Sa 10–17, So 11–15 Uhr | 200 NOK, Kinder 100 NOK | Sjøgata 41 | Nordfjordeid | sagastad.no*

**45 km** Die Rv15 (E 39) führt weiter ostwärts durch die fruchtbaren Gefilde des sich windenden Flusses Eidselva bis zum See Honingdalsvatnet, dessen Südufer du ausfährst. Dann folgt eine kurze Strecke ohne Wasserblick, bis du rechts den Innvikfjord aufblitzen siehst. Das Wasser schimmert auf einmal grünlich, was die Nähe der Gletscher signalisiert. Stryn, etwa so groß wie Nordeidfjord, liegt von Bergen umstellt in einer Fjordecke.

**SEEBEISETZUNG**

**In so einem Boot wurde ein Wikingerkönig bestattet**

**PICKNICK AM SEE**

**Die Rv15 führt am Oppstrynsvatnet entlang**

Spot **11**

## Stryn und Nationalpark Jostedalsbreen

Betörende Landschaftssymphonie in Türkistönen ▶ **S. 124**

**20 km**

Erneut begleitest du einen mäandernden Fluss. Die Stryneelva lockt ab Mitte Juni die Lachsangler, ab Mitte Juli geht man auf Meeresforellen-Fang – frag in der Stryn Tourist Information *(Perhusvegen 24)* nach einer Angelerlaubnis. Am Fluss vorbei, triffst du erneut auf Seen, in denen sich die umliegenden Anhöhen spiegeln. Am Südufer des Sees Oppstrynsvatnet gelangst du zur Siedlung Oppstryn.

### Jostedalsbreen-Nationalparkzentrum in Oppstryn

Schöner Halt am Jostedalsbreen Nasjonalparksenter. Im Kontrast zum postmodernen Parkzentrum Breheimsenteret auf der Südseite des großen Gletschers erinnert dieses Gebäude an ein Wikinger-Langhaus mit Grasdach. Das Panoramakino aus poliertem, schimmerndem Larvikit, einem norwegischen Gestein, sticht heraus. Passenderweise lernst du im Geologiegarten etwas über hiesige Gesteinsarten. Im Botanischen Garten wachsen über 300 norwegische Pflanzen. Ein Sommercafé gibt es auch (€).

*Mai–Aug. tgl. 10–16/17/18, Sept. 11–15 Uhr | 100 NOK, Kinder 55 NOK | Strynevegen 1932 | Oppstryn | visitjostedalsbreen.no*

**45 km** Setze die Fahrt auf der Fv15 ostwärts bis zum Ende des Oppstrynsvatnet fort, wo du den kurzen, nach links ausgeschilderten Abzweig nach Hjelle nimmst. Die schmale Fv720 führt dich in 2 Minuten zurück in die Zeit um das Jahr 1900, als Reisende vom Dampfschiff am Hjelle Hotel abgesetzt wurden.

*Ein fotografischer Trip in die Historie – im Bild kannst du das langweilige Motelgebäude leicht ausblenden.*

Fahr weiter auf der kleinen Straße, bis du wieder die Rv15 aufnimmst. Bald beginnt die Straße, sich kurvig ins Gebirge zu schrauben, mit breit ausgebauten Kurven. Kurz bevor du auf die ausgeschilderte Landschaftsroute Gamle Strynefjellsvegen stößt, hältst du auf einem Parkplatz, um den Wasserfall Øvstebrufossen zu bewundern. Hinter der nächsten Kurve zweigt die Gamle Strynefjellsvegen, die kürzeste der 18 Landschaftsrouten, rechts ab. Die 27 km übers Fjell wurden durch den Bau der Rv15 obsolet, aber zwischen Juni und Oktober kannst du die auf 1138 m gipfelnde Route mit Hochgenuss befahren. Allerdings ist sie nicht asphaltiert, eine echte Seltenheit in Norwegen.

## Stryn-Sommerski-Zentrum und Grotli Høyfjellshotell

Kurz vor einem See stößt du plötzlich auf das Stryn-Sommerski-Zentrum, wo auch im Juli noch Ski und Snowboard gefahren wird (*Tagesskipass ab 370 NOK | Facebook: Stryn Sommerski*). Das wunderbare Sträßchen mit vielen Steinmännchen endet am Grotli Høyfjellshotell, noch einer urgemütlichen Herberge aus alten Reisetagen. Gönn dir einen Café unter Holzbalken am Kamin auf Schafsfellen, wenn du vom kalten Fjell herunterkommst (*grotli.no* | €-€€)

*Das warme Buffet mit Kaffee (Mo–Fr 11–17.30 Uhr) für umgerechnet 23 €, die herzhafte-Suppe für 12 € sind fast schon Schnäppchen.*

**Optionaler Anschluss:** Tour C

# E Tourenverlauf

Am Hochlandhotel triffst du wieder auf die Rv15. Du folgst dem Ufer des Sees Breidalsvatnet und stößt am nächsten See auf den Abzweig der Fv63 – hier beginnt deine Reise über die mit Highlights gespickte, 104 km lange Landschaftsroute Geiranger-Trollstigen. Die Route verschlankt sich und kommt ohne Mittelstreifen aus. Du bist erneut in baumloser Fjell-Tundra unterwegs. Über Straßenverhältnisse solltest du dich online informieren *(vegvesen.no)*. Manche Womos fahren die populäre Straße sehr langsam, damit auch der Fahrer die Aussicht genießen kann – sehr unpopulär bei Einheimischen! Wenn du den tollen Bergsee Djupvatnet erreichst, umfährst du sein Nordufer und stößt kurz vor der Wanderhütte Djupvashytta in 1038 m Höhe auf den rechts abzweigenden Nibbevegen. Das 7 km lange und bis zu 12,5 Prozent steile Sträßchen hat eine Mautstelle *(Nibbevegen-Maut 270 NOK | geöffnet ca. Mitte Mai–Ende Sept.)*.

## Dalsnibba-Aussicht

Oben stehst du in 1476 m Höhe auf einem im Sommer von Ausflugbussen stark genutzten Parkplatz und einer Aussichtsplattform. Dieser Skywalk bietet schwindelerregende Blicke auf die Bergwelt und den 7 km entfernten Geirangerfjord.

**17 km** Vorsichtig manövrierst du dich wieder steil bergab zur Rv63, biegst rechts ab und lässt dich durch flachere Kehren gemächlich zur nächsten exzellenten Aussicht absinken.

## Flydalsjuvet-Aussicht

Parkplatz, Aussichtsplattform, Toiletten und Treppenwege – alles am Steilhang mit unmittelbarem Fjordblick über Geiranger. Interessante Bauweise der Toilettenhäuschen: Uralte Hölzer sind in Blockbauweise rund um grünliche Milchglaswände aufgeschichtet.

*Dieser XXL-Stuhl mit Blick auf Ort und Fjord wurde von Königin Sonja eröffnet. Toll für ein Tête-à-Tête frühmorgens oder zur Blauen Stunde.*

**4 km** Es geht steil in Serpentinen abwärts, bis du den kleinen Ort Geiranger am Ende des Geirangerfjords erreichst. Freundlich und terrassiert liegt die kleine Siedlung unfassbar malerisch da. Fjord und Ort zählen zum Weltkulturerbe. Ein Traumziel auch für Kreuzfahrtschiffe, demnächst allerdings so reglementiert, dass es mit dem lästigen Smog im Fjordkessel endlich vorbei ist.

Spot 12

## Geiranger

Populärer Weltkulturerbe-Fjord für Aktivreisende ▶ S. 128

**8 km** Zunächst gleitest du noch flach am östlichen Fjordufer entlang, dann steigt die Rv63 urplötzlich in elf separat benannten Haarnadelkurven mit zehnprozentiger Steigung bis zur letzten und schönsten Aussicht auf den Traumfjord. Ørnesvegen (Adlerstraße) heißen die 8 km, weil beim Bau 1955 ein Adlerbrutgebiet durchquert wurde. Besonders die erste Kurve verursacht einen leichten Schwindel, weil die plötzliche Neigung zum Fjord an das Anfahren auf einer Achterbahn erinnert.

### Ørnesvingen-Aussicht

Von Sixten Rahlff, dem Architekten der Flydalsjuvet-Aussicht entworfener Fjordbalkon. Ineinander verschobene Betondecken schaffen ein Plateau aus Bänken, Treppen und Plazas. Ein Bach fließt auf einer Glasfläche über den Platz und stürzt von der Kante hinunter zum Fjord. Gebogene lange Bänke aus Beton nehmen die Form der Straße auf und grenzen gegen

**BETON, GLAS, WASSER**

**Beeindruckende Architektur: die Ørnesvingen-Aussicht**

sie ab. Schau aus 620 m Höhe noch ein letztes Mal auf Geiranger, die Farm Knivslå und die Wasserfälle Die sieben Schwestern.

**40 km** Die Rv63 wendet sich komplett vom Fjord ab und führt dich geradewegs durch ein fast liebliches Hochtal. Was für ein Antiklimax! Dein Puls beruhigt sich bei der geruhsamen Fahrt entlang dem wunderschön gelegenen See Eidsvatnet. Bald erreichst du den Fähranleger Eidsdal, wo du über den Eidsfjord nach Linge übersetzt (*13 Min. | fjord1.no*). Dort ist das Fährhafen-Gebäudeensemble mit Obstgärtchen eine Überraschung. Vom Linge Ferjekai folgst du dem Fjordufer bis nach Valldal, wo die RV63 nach links abknickt. Streusiedlungen, typisch einzeln stehende Höfe und Landwirtschaft begleiten dich bis zu einer Stelle, wo es am Fluss Valldøla viel rauer zugeht.

*Am Eidsvatnet zeigt sich bei ruhigem Wasser die perfekte Spiegelung. Mit mittig ins Bild gesetzter Uferlinie erzielst du den ruhigsten Bildeindruck – bewegter wirkt's bei einer 2/3-Einteilung.*

## Gudbrandsjuvet-Aussicht

Das rauschende Flusscanyon-Spektakel wird von einem kranzartigen, gewundenen Brückenschlag erfahrbar gemacht. Unter dir gischtet es nur so. Zum Aussichtspunkt gehören ein schönes Café (*tgl. | Facebook: Gudbrandsjuvet cafe*) und das versteckte exquiste Chalet-Hotel Juvet

Landskapshotell (*juvet.com*), dessen neun edel, aber sparsam eingerichtet Waldbungalows mit viel Glas das Spartanische zum Luxus erklären und zur Naturmeditation einladen. Hier wurde übrigens der preisgekrönte Science-FictionThriller „Ex Machina "gedreht.

**20 km** Die Rv63 (weiter ohne Mittelstreifen) führt dich durch ein bewaldetes Hochtal, um dann sanft wieder zur Tundra aufzusteigen. Bis unvermittelt endlich die aufwendigste Aussichtsplattform dieser Landschaftsroute auftaucht.

## Trollstigen-Aussicht

Das Ensemble aus Parkplatz, Café und Plattformen von Architekt Reiulf Ramstad feiert die direkt darunter liegenden Sitzkehren der Route Trollstigen – und den Tourismus. Natur und Architektur im Gespräch: Die luftigen Auslegerbalkone überm Straßenzickzack in moosiger Landschaft kontrastieren mit voroxidiertem Stahl und Glas. Drinnen gibt's Troll-Burger, Rentier-Buletten und Souvenirs ohne Ende.

*i Trollstigen Kafé | tgl. 10–18 Uhr | trollstigen.no | €€*

**19 km** Jetzt fährst du die berühmten Kurven. Zunächst steil, später sanfter abfallend führt dich die schmale Rv63 auf den nächsten Fjord zu. Wenn du schließlich den Romdalsfjord aufblitzen siehst, hast du Åndalsnes erreicht.

**Åndalsnes**
Alle Wege führen in den Bergsteigerhimmel ▶ **S. 132**

**108 km** Nach dem Gekurve auf der Landschaftsroute kommst du nun zügig nach Westen voran. Nimm die E 139/E 39 entlang des Romdalsfjords und halte dich immer Richtung Ålesund. Die lange, mautpflichtige Querung des Tresfjords bietet sanften Weitblick. Auch auf der restlichen Fahrt schaust du viel aufs Wasser und spürst den herannahenden Atlantik, an dem Norwegens malerischste Stadt wartet: Ålesund.

**Ålesund**
Steinerne Stadt mit Stil und Magie am Rand des Ozeans ▶ **S. 108**

# Stryn und Nationalpark Jostedalsbreen

## Betörende Landschaftssymphonie in Türkistönen

**Am Fjordende ist Stryn die Ouvertüre zu einer wahren Landschaftsymphonie. Hoch auf dem Berg Hoven oberhalb von Loen gewinnst du den Überblick nach bequemem Blitzaufstieg in der Gondel oder über schweißtreibende Kletterei. Bei den Ausflügen zu den Gletscherzungen im Oldedalen und zum türkisen Seejuwel Lovatnet im Lodalen versinkst du tief in den Sackgassen des Jostedalsbreen-Nationalparks. Den Wagen stehen lassen, wandern und radeln.**

**TRAUM IN TÜRKIS**

Im Lovatnet erfreuen Forellen das Anglerherz

## AKTIVITÄTEN & SIGHTSEEING

### 1 Mit dem Loen-Skylift auf den Berg Hoven gondeln

In knapp 7 Minuten in den Himmel – die großen Kabinen der weltweit steilsten Pendelseilbahn bringen dich von Loen auf den Berg Hoven (1011 m). Zur Aussicht über Nordfjord und Gletscher kannst du dir auch ein leckeres Gericht im Restaurant Hoven (€€) gönnen. Oder den Tag wandernd verbringen. Gute Kletterer nutzen den Klettersteig Via Ferrata Loen für den Aufstieg – am besten geführt! Richtig Mutige überschreiten oben die luftige Hängebrücke Gjølmunnebrua oder hängen sich gar an Ziplines. ***Anfahrt:*** *Von Stryn 10 km/12 Min. über Fv60 nach Loen* ***Infos:*** *Juli–Aug. tgl. 8–22/23 Uhr, sonst kürzer | Retour-Ticket ab 475 NOK, Kinder ab 245 NOK, einfach ab 350 NOK, Kinder ab 170 NOK | Via Ferrata geführt plus Gondel ab 1695 NOK, mit Zipline ab 2190 NOK | loenskylift.com und loenactive.no | Restaurantbuchung Tel. +47 57 87 59 00, +47 46 94 35 87 | GPS 61.874835, 6.839140*

### 2 Im Oldedalen die Gletscherarme erwandern

Fahr entlang des Sees Oldevatnet tief in den Jostedalsbreen-Nationalpark. Das Tal Oldedalen bietet unterwegs viele Fotostopps. Der populäre Briksdalsbreen-Gletscher liegt nur einen 30-minütigen Spaziergang vom Parkplatz am Campingplatz Melkevoll Bretun *(GPS 61.664825, 6.816552)* entfernt. Intimer, aber auch nicht schwer zu erwandern ist der Brenndalsbreen-Gletscher vom Hof Aabrekk Gard aus *(GPS 61.679570, 6.813036: 3,5 km/2,5 Std.)*.

### 3 Im Lodalen auf Fotosafari gehen

Urige Bauernkaten vor türkisfarbenem See – die langsame Fahrt mit vielen Fotostopps entlang des Sees Lovatnet durchs Tal Lodalen ist atemberaubend. Am südlichen Seezipfel liegt das einsame Lokal Kjenndalstova *(16 km/30 Min.)*. Danach kannst du noch 5 km auf schmaler Piste zu einem Parkplatz in Sichtweite der Gletscherzunge Kjenndalsbreen fahren – gut 30 Minuten läufst du von dort zum Eisabbruch. ***Infos:*** *Kjenndalstova: Im Sommer tgl. 11–17 Uhr | kjenndalstova.no* ***Parken:*** *Kjenndalsbreen, GPS 61.747295, 7.035230*

**Insider-Tipp**
**Per Rad und Schiff**

*Radle frühmorgens auf schmaler Fv723 von Loen am Seeufer entlang zur Kjenndalstova, später per gebuchtem Ausflugsschiff zurück nach Loen.*

### 4 Auf dem Lovatnet paddeln

Der Traumsee Lovatnet reizt zum Paddeln. Am Loenvatn Feriesenter kannst du dir Kajaks und Kanus (ab 250 NOK) ausleihen und im See nach Forellen angeln. Und später auf der Terrasse einen Kaffee trinken. ***Infos:*** *loenvatn.com | Café tgl. 12–22 Uhr*

## ESSEN & TRINKEN

### 5 Restaurant 34

Man spricht und serviert Portugiesisch (Francesinha!), Französisch, Italienisch (gute Lasagne) und Norwegisch. Einer dieser raren Lichtblicke in der Phalanx der weniger tollen kleinstädtischen Restaurants, die du unterwegs so antriffst. ***Infos:*** *Tgl. bis spät | Tonningsgata 34 | Stryn | Tel. +47 57 11 50 97 | restaurant34.net | €€*

### 6 Stryn Kaffebar & Vertshus

Die atmosphärisch gemütlichste (und eine Spur hippe) Lokalität in Stryn, wenn du mal gute Pizza und Burger oder einen großen Pastasalat essen willst. Bei gutem Wetter speist du auf der Terrasse mit grandiosem Rundblick. ***Infos:*** *Tgl. bis spät | Tonningsgata 19 | Stryn | Tel. +47 57 87 05 30 | strynvertshus.no | €€*

### 7 Smak Café

Ein nettes Restaurant, das hauptsächlich Catering für Gruppen macht. Gut für ein ausgedehntes Mittagessen bei miesem Wetter. Schön marinierter Lachs und anderer Fisch, klassische Tapas. Du kannst dir auch eine Lunchbox oder skandinavisch belegte Brote bestellen und mit auf einen Ausflug nehmen. ***Infos:*** *Mo–Fr 9–17, Sa 12–24 Uhr | Tonningsgata 12 | Stryn | Tel. +47 57 87 11 33 | smak-catering.no | €€*

### 8 Visnes Hotel

Lust auf feinstes Dinieren im alten Stil? Oder steht der Hochzeitstag an? Das historische Holzhotel mit etwas Ju-

**LAGE, LAGE, LAGE**

**Sande Camping liegt direkt am Lovatnet**

gendstil-Touch mitten in Stryn war sechs Generationen lang in Familienbesitz. Die jetzigen Besitzer sind Jäger und Weinkenner. Wild und Fisch werden entsprechend mit passenden Weinen gepaart. ***Infos:*** *Dinner tgl. 18–21 Uhr | Prestestegen 1 | Stryn | Tel. +47 57 87 10 87 | visneshotel.no | €€€*

## STELL- & CAMPINGPLÄTZE

### 9 Badeplatz an Traumsee

Sehr herzliche Gastfreundschaft und grandiose Lage am nördlichen Ende des wunderschönen Lovatnet. Nur 5,5 km/ 10 Min. vom Loen Skylift und 11 km/ 20 Min. von der Kjenndalstova (s. S. 125). Ideal zum Baden im See oder Kajakfahren.

**Sande Camping**

*€€ | Lodalsvegen 494 | Stryn*
*Tel. +47 41 66 91 92 | sande-camping.no*
*GPS: 61.851381, 6.911872*

▶ **Größe:** *30 Stellplätze, 14 Hütten*
▶ **Ausstattung:** *Komplette Ausstattung, sehr saubere Sanitäranlagen, kleiner Shop mit Kaffeeausschank*

### 10 Gletschercamping wie gemalt

Sicher einer der schönsten Campingplätze des Landes. Am Ende des Oldedalen umgeben von Bergen, Wasserfällen und nur 45 Fußminuten vom Briksdalsgletscher entfernt. Wandermöglichkeiten und ein Strecke zum Bouldern. Ex-Scheune als Küche mit großen Panoramafenstern. Sauna und WLAN gratis, Café, Yoga-Angebot, Aussichtsplattform. Perfekt!

**Melkevoll Bretun Camping** 

*€€ | Oldedalsvegen 2167 | Briksdalsbre*
*Tel. +47 91 51 92 08 | melkevoll.com*
*GPS: 61.664584243925, 6.8163084983825*

▶ **Größe:** *50 Stellplätze, 7 Hütten, 1 Apartment, toller Zeltplatz*
▶ **Ausstattung:** *Komplett ausgestattet*

### 11 Mitten in Stryn

Ganz in der Nähe von Restaurants liegt der etwas enge Campingplatz mit toller Bergsicht. Norwegische Dauercamper als Nachbarn.

**Stryn Camping**

*€€€ | Bøaveien 6 | Stryn*
*Tel. +47 57 87 11 36 | stryn-camping.no*
*GPS: 61.906415, 6.7252*

▶ **Größe:** *50 Stellplätze, 22 Hütten*
▶ **Ausstattung:** *Komplett ausgestattet*

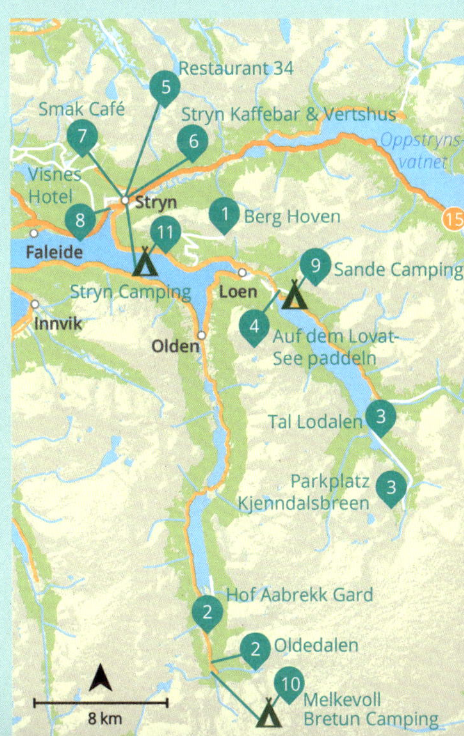

# Geiranger
## Populärer Weltkulturerbe-Fjord für Aktivreisende

**Der Geirangerfjord ist nur 15 km lang, sein Ruf als Weltkulturerbe immens. Deshalb schwillt von Mai bis Ende September der steil terrassierte 300-Seelen-Ort stark an. Doch du kannst dem Rummel von Kreuzfahrtschiffen und Bussen auf den beiden steilen Zufahrten entfliehen. Leih dir einfach ein Kajak und kombiniere das Paddeln mit Aufstiegen zu alten Fjordalmen – so gestaltest du deine Erlebnisse intim. Die Straßen-Aussichtspunkte sind auch architektonische Highlights.**

**WELTKULTURERBE**

Den berühmten Geirangerfjord kann man per Boot oder Kajak erkunden

## AKTIVITÄTEN & SIGHTSEEING

### 1 Für den Fjordblick zur Alm Skageflå aufsteigen

Perfektes Aktivpaket! Mit dem Ausflugsboot befährst du zuerst den Fjord. Über Kopfhörer erfährst du vom Bauernleben in den Steilwänden – Kinder wurden angeleint, damit sie nicht hinunterfielen. Nach einer Stunde steigst du am Südufer aus und steigst 30 Minuten steil zur seit 1916 verlassenen Alm Skageflå (250 m Höhe) auf. In der Steilwand gegenüber erkennst du die Farm Knivslå und die Wasserfälle Die Sieben Schwestern. Rückfahrt mit dem Boot oder zu Fuß in 4–5 Stunden nach Geiranger. Der bei Regen glitschige Pfad führt an der Alm Homlongsætra (550 m Höhe) vorbei. ***Infos:*** *MS Geirangerfjord | Mitte Juni–Mitte Sept. tgl. ab 10 Uhr | 530 NOK, Kinder 260 NOK | geirangerfjord.no/wanderung-zum-hof-skagefla*

### 2 Im Kajak alle Wasser des Geiranger erobern

Beim Seekajakfahren am Geirangerfjord fühlst du dich großartig und winzig zugleich. Die Angebote von **Active Geiranger** reichen vom Seekajak-Verleih bis hin zur geführten Tour Paddle & Hike mit 1,5 Stunden im Kajak und 4,5 Stunden Wandern über Skageflå nach Geiranger. Toll ist eine Kajaktour zum Aufstiegspunkt der Knivslå-Farm kurz vor den Sieben-Schwestern-Wasserfällen. ***Infos:*** *Active Geiranger | Tour Paddle & Hike 1840 NOK, Kinder (10–15 J.) 1500 NOK, 2,5 Stunden Paddeltour 1840 NOK, Kinder (8–15 J.) 1250 NOK, Kajakverleih am Touristenzentrum ab 400 NOK | geirangerfjord.no; activegeiranger.no*

*Vom Seekajak aus kannst du bei Ebbe selber frische Muscheln von den Fjordwänden klauben.*

### 3 Zum zauberhaften Storseter-Wasserfall wandern

Zum Storseterfossen läuft man knapp 3 km vom Parkplatz am Hofrestaurant Vesterås Gard (s. S. 130) über einen mittelschweren Pfad, der teilweise mit Kette oder Seil gesichert ist. Du kannst hinterm Fall hergehen.

## REGENTAG – UND NUN?

### 4 Mit der Fähre nach Hellesylt schippern

Wenn's so richtig schüttet, ist die gut einstündige Fahrt mit der Fähre von Geiranger nach Hellesylt toll, weil die Wasserfälle dann besonders eindrucksvoll sind. Den in Hellesylt, kannst du gut von der Hafenbrücke aus fotografieren. Von dort sind's knapp 500 m zur Stabkirche, dazwischen liegt auch noch das tolle Buchcafé Hellesylt Boutique und Bar (*Gata 29 | €*). ***Infos:*** *Fähre 4–8 x tgl. | 65 Min. | Retour-Ticket 360 NOK, Kinder 175 NOK | geirangercamping.no/Fergeruter.html*

## 5 Im Mini-E-Auto zu jedem Highlight gleiten

Ein funkiger Elektro-Zweisitzer von **emob Geiranger** ist das ideale Sightseeing-Mobil, um im steilen Ort lautlos und bequem zu allen Aussichtspunkten zu kommen. GPS-Guide an Bord. Zeitig buchen. ***Infos:*** *Mai–Sept. | 1–3 Std. 895–2300 NOK | Abholung: GPS 62.102227, 7.206287 | emob.no*

### ESSEN & TRINKEN

## 6 Westerås Gard Restaurant

Im über 400 Jahre alten Farmgebäude im Berghüttenstil wird Herzhaftes wie Suppe, Lachs und Entrecôte serviert, aber auch Waffeln mit Schokolade. Draußen laufen freundliche Ziegen umher. Tolle Fjordsicht 4 km außerhalb des Zentrums. ***Infos:*** *Mai–Sept. tgl. | Geirangervegen 320 | Geiranger | Tel. +47 92 64 95 37 | Facebook: WesteraasGard | €€*

## 7 Café Ole

Direkt am trubeligen Fjordufer ist das Café-Restaurant ein gemütlicher Rückzugsort mit toll präsentierten Gerichten wie Muscheln mit selbstgebackenem Brot, Entenbrust und vegetarischen Optionen. Reservieren! Die Geschenkboutique ist nicht so kitschig wie sonstwo im Ort. ***Infos:*** *Mai–Sept. tgl. | Maråkvegen 19 | Geiranger | Tel. +47 70 26 32 30 | Facebook: Olebuda | €€*

## 8 Brasserie Posten

*Der* Treffpunkt am Hafen. Gute Pizzen und Burger, aber am leckersten ist das Meat & Cheese Board mit lokaler Wurst, Tingvoll-Käse und marinierten Kartoffeln. ***Infos:*** *April–Nov. tgl. | Geiran-*

**E-MOBIL AM FJORD**

**Die kleinen E-Flitzer sind die perfekten Sightseeing-Gefährte**

*gervegen 4 | Geiranger | Tel. +47 47 70 26 13 06 | brasserieposten.no | €€*

## EINKAUFEN

### 9 Geiranger Sjokolade

Süß! Schokoladenmanufaktur in einem Bootshaus. Geschmacksrichtungen von Aquavit bis Blauschimmelkäse.
***Infos:*** *April–Okt. tgl. | Maråksvegen 29 | Geiranger | geirangersjokolade.no*

## STELL- & CAMPINGPLÄTZE

### 10 Campen im Zentrum des Traumorts

Die sehr große Wiese an der Fv63 liegt direkt am Fjord und auch unmittelbar neben den Hafenanlagen sowie Geschäften und Restaurants. Im Sommer trubelig wie inmitten eines Bienenschwarms. Ausleihe von Tret- und Ruderbooten. Es darf geangelt werden.

**Geiranger Camping** ☼

***€€€ | Geiranger***
***Tel. +47 70 26 31 20 | geirangercamping.no***
***GPS: 62.099441, 7.203724***

▸ **Größe:** ***140 Stellplätze, 70 mit Strom***
▸ **Ausstattung:** ***Komplett ausgestattet, behindertengerechte Sanitäranlagen***

### 11 Die tolle Lage ist dir lieb, aber auch teuer

Edle Traumlage an Fluss und Fjord 2,5 km außerhalb des Ortes direkt am Fuß der Serpentinen von Ørnesvingen. Bergradler versuchen sich an den steilen 8 km bis zum Aussichtspunkt auf 620 m. Viel kleiner als der Platz im Ort, dazu gibt es im Talkessel länger Sonnenlicht – Geirangers Schokoladenseite fürs Campen. Lass nach einem Paddel- oder Wandertag mal die Womo-Küche kalt und speise im benachbarten Grand Hotel (vier Sterne) oder im Hyskje Restaurant (*beide* €€€). Oder du hast vom Kajak aus Fisch gefangen und benutzt den Grillplatz.

**Geirangerfjorden Feriesenter** ☺ ☼

***€€€ | Ørnevegen 180 | Geiranger***
***Tel. +47 95 10 75 27 | geirangerfjorden.net***
***GPS: 62.115138, 7.184793***

▸ **Größe:** ***40 Stellplätze***
▸ **Ausstattung:** ***Komplett ausgestattet, Kinderspielplatz***

# Åndalsnes
## Alle Wege führen in den Bergsteigerhimmel

**Åndalsnes liegt am Isfjord zwar auf Meereshöhe, ist aber das norwegische Kletter-Mekka. Schon der halbe Weg nach oben macht höchst spektakulär auf einer Rampe Station und führt weiter zum Rømsdalseggen, einer berauschenden Gratwanderung. Die 1000-Meter-Vertikale Trollveggen kannst du von unten bewundern – und dich zum Klettern im Bergsteigermuseum animieren lassen. Sogar kulinarisch gibt es im 2200-Seelen-Ort ein paar Höhepunkte.**

**BESTE AUSSICHTEN**

In schwindelerregenden Höhen: der Aussichtspunkt Rampestreken

## AKTIVITÄTEN & SIGHTSEEING

### 1 Zum Rampestreken hochklettern

Eine atemberaubende Aussicht wartet – vielleicht sogar die beste Norwegens. Die Kombination aus steilem, aber gut zu gehendem Pfad (bis 430 m Höhe) und von nepalesischen Sherpas gebauter Steintreppe Rømsdaltrappa bis zum Aussichtspunkt Rampestreken (537 m) ist auch für Kinder machbar. Nach 1–1,5 Stunden schwindelt's dich etwas hoch über Åndalsnes. Danach kannst du noch 20 Minuten bis zum Gipfel Nesaksla (715 m Höhe) weiter über Stufen klettern. Von hier benötigst du eine gute Stunde, um wieder auf Fjordniveau abzusteigen.

### 2 Zum Rømdalseggen-Grat noch höher klettern

Es geht noch höher hinaus! Die 5–7-stündige, anstrengende Bergtour beginnt mit einer Busfahrt zum Vengedalen-Parkplatz. Von dort geht's ausgeschildert zu einem Plateau, wo es mehrere Routen-Optionen für den Grat gibt. Die eine umgeht ausgesetzte Stellen, erfordert aber auch Schwindelfreiheit und Trittsicherheit. Das Wetter sollte gut sein. Der Grat mit der famosen Aussicht liegt gut 1200 m hoch, der Gipfelabzweig zum Blånebba führt auf 1320 m. Runter geht's über die Steintreppe Rømsdalstrappa, du kommst also in den Genuss des Aussichtspunkts Rampestreken. ***Anfahrt:*** *Von Åndalsnes 12 km/15 Min. über die Fv64 bis Isfjorden, dann Fv117; Bus um 9.30 Uhr ab Bahnhof Åndalsnes* ***Parken:*** *Vengedalen-Parkplatz*

*4 km südlich vom Parkplatz steigst du in 30 Minuten aufs Litlefjellet (GPS 62.506262, 7.797402).*

### 3 Im Trollveggen Besøkssenter die Wand anstarren

Zackig wie das anvisierte Gebirge Trolltindane (1797 m) bietet das Besucherzentrum einen Ausblick auf die mit 1000 m größte lotrechte Wand Europas. Spektakulär ist der Film über die Wand der Trolle, aber auch der Blick aus dem mit viel Architektenlob versehenen Res-

## REGENTAG – UND NUN?

### 4 Im Norsk Tindesenter kraxeln

Spektakulär wirkt das Bergsteigerzentrum schon als Bauwerk – es muss ja mit der Berggegend konkurrieren. Drinnen gibt es Ausstellungen zur Kletterei, aber auch Praxis, denn es wartet die höchste Kletterwand Norwegens. Anfänger willkommen. Es geht interaktiv zu – toll für Kinder – und die simulierte 3-D-Felswand sowie ein Film sorgen für jede Menge visueller Spannung. ***Infos:*** *Mo–Sa 10–18, So 12–18 Uhr | 145 NOK, Kinder bis 15 J. 90 NOK | Havnegata 2 | Åndalsnes | tindesenteret.no*

taurant (€-€€). Großer Souvenirladen. **Anfahrt:** *Von Åndalsnes 12 km/12 Min. über die E 136 nach Süden.* **Infos:** *Juni–Sept. tgl 9.30–19 Uhr | Auditorium 75 NOK | visit-trollveggen.com*

## 5 Åndalsnes Bahnkapelle

Andacht auf Schienen! Ein ausrangierter Waggon steht am Bahnhof und lädt zu gemütlicher Einkehr für stille Minuten ein – weltweit wohl einzigartig. Der Altar ist aus Bahnschwellen. **Infos:** *GPS 62.567478, 7.691525*

# ESSEN & TRINKEN

## 6 Café Sødahlhuset

Weil die Zahl der wirklich guten Cafés in Norwegen begrenzt ist, sticht dieses mit bunten Vintage-Möbeln eingerichtete nette Chaos mit wundervollen Kuchen, gut angemachten Salaten und gesunden Burgern heraus. **Infos:** *Tgl. 11–18 Uhr | Gamle Romdalsvegen 8 | Åndalsnes | Tel. +47 40 06 64 01 | Facebook: Sødahlhuset | €-€€*

## 7 Woldstad Gard

Der alte Bauernhof in Isfjorden verströmt urige, aber frische Gemütlichkeit und serviert mehrgängige Mahlzeiten, deren Zubereitung mit den prächtigen örtlichen Produkten aus Garten, Wald und Fluss qualitativ einhergeht. **Infos:** *Mitte Juni–Mitte Sept ganztägig, sonst auf Anfrage | Isfjorden | Tel. +47 92 60 95 09 | woldstadgard.no | €€€*

**Insider-Tipp**
**Der weibliche Schnitt**

*Im Hofladen werden Designerkleider von Ko:Ko Norway verkauft. Leger und trotzdem schick.*

**NÄCHSTER HALT**

**Das Örtchen Åndalsnes liegt an der Bahnstrecke Raumabanen**

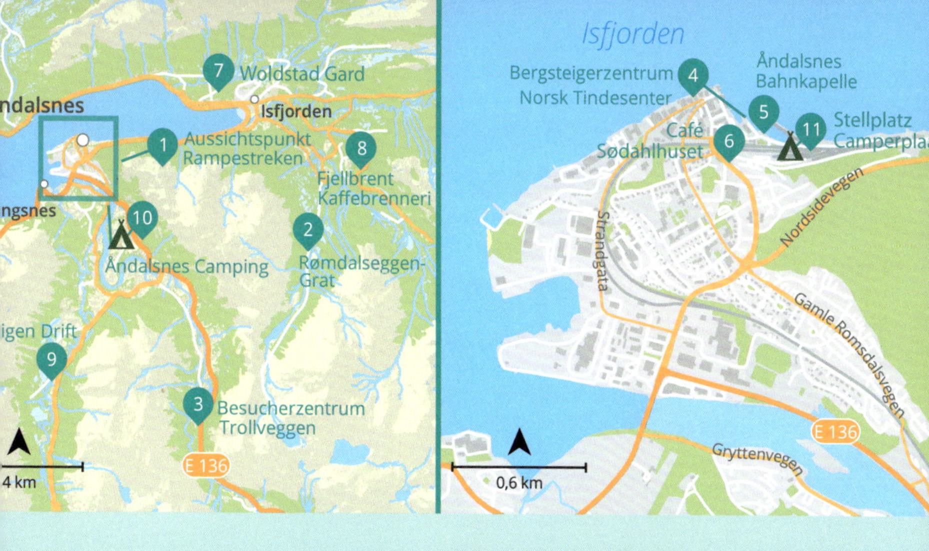


## 8 Fjellbrent Kaffebrenneri

Obwohl Norweger viel Kaffee trinken, ist die Qualität oft nur Mittelmaß. Hier stimmt die Eigenröstung, gut auch die Sandwiches und das *pain au chocolat* zum Kaffee. Mit Terrasse. ***Infos:** Mo–Fr 10–16 Uhr | Dalsbygdvegen 489 | Åndalsnes | Tel. +47 92 89 79 47 | Facebook: Fjellbrent Kaffebrenneri | €*

## 9 Trollstigen Drift

Zwischen Trollstigen und Åndalsnes an der Rv63 liegt das optisch trollige Restaurant und serviert leckere Hausmannskost in großen Portionen. Tipp: die Pfannkuchen mit Beeren. ***Infos:** Tgl. | Rv63 | Isterdalen | Tel. +47 94 84 97 55 | trollstigen.no | €€*

**STELL- & CAMPINGPLÄTZE**

## 10 Campen am Fluss, den Ort in Reichweite

Der große reguläre Campingplatz mit Baumbestand liegt sehr schön am Fluss Rauma, lediglich 2,5 km südlich des Stadtzentrums über die kleine Brücke Raumabrua – ideale Fahrradentfernung. Manche stören vielleicht die Geräusche von der E 139.

### Åndalsnes Camping

*€€ | Gryttenvegen 1 | Åndalsnes*
*Tel. +47 71 22 16 29 | andalsnes-camping.net*
*GPS: 62.552189, 7.704126*

▶ **Größe:** *40 Stellplätze, 30 Hütten*
▶ **Ausstattung:** *Komplett ausgestattet, WLAN inklusive, kleines Café mit Sitzgelegenheiten und großem Fernseher. Der Shop verkauft Alkohol.*

## 11 Praktisches Parken an Fähre, Bahn und Fjord

Kostenloser Parkplatz. Kein Comfort, dafür steht man aber in der Nachbarschaft von Fähre und Eisenbahn. Am Isfjordvegen als „Langtidsparkering" ausgeschildert. Die nächste Toilette befindet sich im Bahnhof und die Touristinformation ist nur gut 100 m entfernt.

### Stellplatz Camperplaats

*€ | 180 Isfjorsvegen | Andalsnes*
*GPS: 62.566747, 7.694016*

▶ **Größe:** *30–40 Stellplätze*
▶ **Ausstattung:** *Nur Trinkwasser, Bezahltoilette im nahen Bahnhof*

**RAUE LANDSCHAFT**

Unterwegs im Dovrefjell auf einer Piste bei Hjerkinn

# Episches Auf und Ab durchs zentrale Gebirge
# **Von Åndalsnes nach Lillehammer**

Auf dem langen Weg von Fjordnorwegen nach Süden ins sportliche Olympiastädtchen Lillehammer kletterst du durchs zentrale Hochgebirge. Dir gelingen Höhenflüge über die einsame Piste Aursjøvegen und du spürst die Moschusochsen des subarktischen Dovrefjells auf. Im Rondane-Nationalpark begegnen dir wilde Rentiere und du wandelst auf den Spuren des mystischen Helden Peer Gynt durch Jotunheimen. Kunst und Architektur laden zu Zwischenstopps ein, urige Einkehr bieten alte Pilgerstätten und Almhotels.

**Strecke** 694 km

**Reine Fahrzeit** 11 Std.

**Streckenprofil** Auf und ab über ausgezeichnete Straßen ohne Fähren. Enge und bequeme Bergstrecken

**Anschlusstouren**
E G

# Tour F im Überblick

## Tour-Highlights

In der *Åmotan-Schlucht* ein Wasserfall-Trio erwandern ▶ **S. 142**

Waffeln und Bergpanorama auf der Alm *Renndølsetra* genießen ▶ **S. 151**

Die Bergstraße *Aursjøvegen* als Tagestour fahren ▶ **S. 151**

Den mythenbeladenen *Bessegen-Grat* entlangwandern ▶ **S. 159**

Am *Lysgårdsbakken* den Sommerskispringern zuschauen ▶ **S. 163**

Rindal
Skei
Støren
E 6
sritzungen Helleristningane på Bogge
lm-Kirche
70
Sunndalsøra
Seite 150
Berkåk
Forollhogna
nasjonalpark
Eidsvåg
14
3
Isfjorden
Oppdal
13
Åndalsnes
Seite 132
Åmotan-Schlucht
Hjerkinn und
Dovrefjell
Seite 154
E 6
Alter Königsweg (Gamle Kongeveg)
15
Tynset
Bergwerk Folldal
Reinheimen
nasjonalpark
E 136
Dombås
Sohlbergplassen-Aussicht
Strømbu-Aussicht
15
E 6
Heidal-Käsefabrik
Lom
Otta
3
Sjoa-Canyon Ridderspranget
Kvam
Vinstra
Gjendesee und
Nationalpark
Jotunheimen
Seite 154
16
Skulpturstopp Flokk
Stabkirche Ringebu
Bygdin Høyfjellshotell
Øvre Årdal
Tretten
Årdalstangen
Segalstad bru
Granrudmoen
Fåberg
stplatz Steinplassen und Flye 1389
Lillehammer
Seite 162
17
E 16
Vingrom
Valdres Folkemuseum in Fagernes
Biri
Moelv
E 6
52
Dokka
Hemsedal
Møllerstufossen und Helleristningar
20 km
Gol

# F Tourenverlauf

Start & Spot 13

**Åndalsnes**
Alle Wege führen in den Bergsteigerhimmel ▶ S. 132

**36 km** Vom zwischen dem Isfjord und abrupt aufragenden Gipfeln gelegenen Ort Åndalsnes nimmst du die Fv64 Richtung Molde. Zunächst fährst du das Fjordende aus. Bald knickt die Straße nach Norden ab und begleitet das Ostufer des kleinen Rødvenfjords. Am Fähranleger Åfarnes schwingst du nach Osten und fährst am Südufer des hier beginnenden Langfjords entlang. Fjord, Fjord, Fjord! Am Ortsschild von Holm biegst du nach rechts ins Dorf ab und parkst bei der Kirche.

## Holm-Kirche

Lage, Bedachung, Sprossenfenster und Ornamentik der Holm Kyrkje bieten hinreißende Fotomotive. Die Holzbauweise im Drachenstil war um 1900 der Versuch, eine nationale Architektur zu etablieren; die Stabkirchengotik stand dafür Pate. Der romantisierende Stil gipfelte in einer Verzierung mit Wikingermotiven. Die Drachenköpfe an der Kirche erinnern an Norwegens heroische und heidnische Vergangenheit.

**53 km** Die ohne Mittelstreifen auskommende Fv660 folgt weiter gradlinig dem Langfjord ostwärts – ganz ohne Bergdrama. Beim Ort Myklebostad verbreitert sich die Straße und du fährst nach Süden durch das grüne Tal Vistdalen. Später geht es sachte bergan, bis die Straße in Eresfjord wieder fruchtbaren Talgrund erreicht, um sich am gleichnamigen Fjord erneut an die tief ins Land greifenden atlantischen Ausläufer zu schmiegen. Von etwas höherer Warte bei Boggestranda genießt du das fotogene Panorama über Höfe, Gärten und Wiesen hinweg. Norwegenidyll pur! In Sichtweite einer Tunneleinfahrt findest du ein braunes Schild mit dem Hinweis auf *helleristninger* (Felsritzungen). Biege links ab und parke sofort danach.

## Felsritzungen Helleristningane på Bogge

In einem zum Fjord abfallenden Wäldchen gibt es etliche rot markierte Petroglyphen. Du entdeckst 5000 bis 6500 Jahre alte steinzeitliche Jagdmotive, darunter einen Elch. Eine zweite Gruppe zeigt etwa 2500 Jahre alte Bootszeichnungen. Da das Hofgelände privat ist, schließ bitte die Gatter hinter dir.

**40 km** Schnell erreichst du auf der Fv660 den Ort Eidsvåg, wo du nach rechts auf die Fv62 Richtung Sunndalsøra abbiegst. Während der Fahrt entlang dem Sunndalsfjord baut sich ein mächtiges Bergpanorama auf, den nüchtern wirkenden Ort Sunndalsøra schier erdrückend.

Spot 14

**Sunndalsøra**

Roadmovie und Wanderung zu Bergseen ▶ S. 150

**38 km** Quere die Brücke über den Fluss Driva und biege rechts ab auf die Rv70 Richtung Oppdal. 7 km hinter Sunndalsøra kommst du am Leikvin-Kulturerbe-Park vorbei, den du vom Spot Sunndalsøra aus in Ruhe besichtigen konntest (s. S. 151). Dem durchs Tal Sunndalen eilenden Fluss folgst du durch eine enge Bergszenerie, die bis weit hinauf bewaldet ist – Zeichen für Naturschutz und gelungene Wiederaufforstung. Kurz vor dem Ort Gjøra taucht ein brauner Wegweiser nach Åmotan auf. Bis zur Åmotan-Schlucht sind es 6 km über eine schmale Strecke entlang der Driva.

**STEINZEITKUNST**

**Diese 6000 Jahre alte Felsritzung zeigt einen Elchbullen**

# F Tourenverlauf

## Åmotan-Schlucht

Welch ein berauschender Canyon! Darin bilden gleich drei von sieben Flüssen Wasserfälle zwischen 110 und 246 m Höhe aus. Loslaufen! Die markierten Rundwege sind zwischen 1,5 und 7 km lang. Unterwegs gabelt sich die Straße in Parallelführung – links bergauf führt dich zum abgelegenen Sommer-Café Jenstadhaugen *(GPS 62.508984, 9.067005 | Facebook: Åmotan Jenstadhaugen Kafé | €)*, rechts geht's direkt zum größten Wasserfall, beides nicht weit voneinander entfernt.

i *sunndal.com; europeanwaterfalls.com/waterfalls/svoufallet | Wanderkarten: rudankort.me/Norway2013/Amotan.pdf*

P *GPS 62.510748, 9.051630*

**104 km** Fahr zurück zur Rv70 und folge ihr eine Weile nach rechts, bis der Wegweiser zum Stausee Gjevilvatnet nach links weist. Den Schlagbaum der kleinen Mautstraße öffnest du mit Kartenzahlung. Nach schmaler Wegführung stößt du kurz darauf auf einen Bootsanleger am Beginn des Sees. Bald danach biegst du nach links auf die Fv512 und erreichst den an Sommerwochenenden bei Norwegern sehr beliebten Rauøra-Strand – 1,5 km weißer Sand, wo du das am wenigsten erwartest. Das Bad ist recht „erfrischend". Auf der Rückfahrt zur Rv70 biegst du an einer Gabelung auf die Fv512 und kommst einige Kilometer weiter östlich wieder auf die Hauptverkehrsroute. Schnell ist Oppdal erreicht, wo du auf die E 6 Richtung Oslo abbiegst. Zunächst bleibt die Gegend bewohnt, dann kletterst du in gebirgige Wildnis. Der kleine Fluss rechter Hand heißt Svona – er begleitet dich aus dem Tal Drivdalen auf die Höhen des Dovrefjell. Mitten in der Einsamkeit taucht das Kongsvold Hotel auf, wo du einkehren kannst (s. auch Spot S. 155). Der Berggasthof dient seit Jahrhunderten als Pilgerraststäte. Die aktuellen Gebäude stammen aus dem 18. Jh. Es gibt einen botanischen Garten und eine Wetterstation. Weiter geht's nach Süden über die E 6. Nach ein paar Minuten winkt der nächste Halt auf einem Wanderparkplatz.

## Alter Königsweg (Gamle Kongeveg)

Idealer Ausgangspunkt, um auf dem alten Königsweg zwischen Oppdal und Dombås in die Fjell-Einsamkeit zu laufen. Der jahrhundertelang beschwerlich zu bereisende Pfad ist mit einer Krone auf Findlingen markiert und verläuft neben der E 6. Der kurze Sommer bringt hier eine Floravielfalt zur Blüte wie sonst nirgends in Norwegen. Über 400 Pflanzenarten sind nachgewiesen. Du kannst auch auf wilde Rentiere und aus Grönland angesiedelte Moschusochsen treffen. Das mächtige Gebirgsmassiv, dem die Wikinger auf dem Weg nach Norden übers Meer auswichen, ist für Norweger spirituell wichtig: „Einig und treu, bis das Dovre fällt" – so sangen 1814 die Väter der ersten norwegischen Verfassung, 91 Jahre vor der Unabhängigkeit.

P *GPS 62.279514, 9.598055*

**8 km** Noch einmal 10 Minuten geht es auf der E 6 bis Hjerkinn. Die Straße wird übrigens seit Oppdal von der Bahnstrecke begleitet, die in Hjerkinn einen einsamen Bergbahnhof hat.

Spot 15 **Hjerkinn und Dovrefjell**
Begegnung mit Urviechern im Dovre-Gebirge ▶ **S. 154**

**29 km** In Hjerkinn zweigt die Fv29 von der E 6 Richtung Folldal ab. Du fährst jetzt nach Osten entlang des Flusses Folla durch das fast liebliche Tal Folldalen. Unterwegs gibt es einen freien Stell- und Picknickplatz mit Bänken und Feuerstellen am Fluss (*GPS 62.186804, 9.747740*). An der Kreuzung in Folldal biegst du zunächst nach links in den Ort ab und folgst dann der Beschilderung zum hoch gelegenen Bergwerk Folldal Gruver.

## Bergwerk Folldal

Die 70 Gebäude des Industriedenkmals Folldal Gruver bieten einen Einblick in den Kupfer-, Zink- und Schwefelabbau von 1748 bis 1993. Im Sommer fährt eine Bergbahn vom gut 700 m hoch gelegenen Ortskern 600 m tief in den Berg. Tolle Ausstellung, Hausmannskost und Weitblick.

i *1.–17. Mai, 10. Juni–Mitte Aug. tgl. 11–18 Uhr | Grubenfahrt und Museum7 190 NOK, Kinder 80 NOK | Verket 47 | Folldal | folldalgruver.no*

**29 km** Hier beginnt die Landschaftsroute Rondane über die Fv27 bis fast nach Ringebu. Du bewegst dich südwärts entlang der Ostgrenze des Rondane-Nationalparks. Der Park ist Zuflucht für Norwegens einzige wilde Rentierpopulation. Unterwegs blitzen im lockeren Baumbestand immer wieder grünlich-weiße Flächen mit Rentierflechte auf, die einzige Winternahrung der scheuen Tiere. Barfuß über die kräftige Flechte zu laufen oder dich drauf zu betten, ist Wellness pur! Dann stößt du – typisch für die Landschaftsrouten – auf zwei ausgebaute Rastplätze.

## Strømbu-Aussicht

Parkplatz, Aussichtsterrasse, Wärmehalle: Strømbu bietet kurvige Beton-Geometrie zum Rasten oder als Startrampe für Rondane-Wanderungen. Du kannst auch bloß am Fluss Atnelva einen Spaziergang über ein Flussbrückchen und entlang der sandigen Flussufer machen.

**9 km** Lass dich weiter nach Süden treiben und verpasse keinesfalls den nächsten Rastplatz.

## Sohlbergplassen-Aussicht

Derselbe Architekt und eine ähnliche Betonanmutung wie Strømbu. Diesmal gilt der Fokus dem See Atnsjøen und den runden Bergen von Rondane. In Kurven wirst du zur Aussichtsplattform geführt. Der weite Blick soll an das Gemälde „Winternacht in Rondane" von Harald Sohlberg erinnern.

**52 km** Nach dem Zusammenspiel von moderner Architektur und Natur winken nach nur 1 km Weiterfahrt als Kontrast die traditionell grasgedeckten Hütten des Atnasjø-Cafés, wo es leckeren Kuchen gibt *(Juni–Aug. Mi–So 12–18 Uhr, bis Okt. Sa, So | €-€€)*. Nach der Siedlung Atnbrua schwingt sich die Fv27 nach rechts, steigt und führt in 1100 m Höhe durch viel kargeres Umfeld. Wanderparkplätze laden zu Ausflügen ins flach gerundete Gebirge. Beim Venabu Fjellhotel wird's plötzlich trubelig und du siehst viele Urlaubshütten.

**Insider-Tipp**
**Markenschnäppchen**

*Im Lundes Turisthandel beim Hotel sind heimische Outdoor-Marken wie Bergans manchmal deutlich verbilligt.*

Ab Venabu auf dem Venabygdfjellet rollst du auf der Fv27 bergab, bis diese sich mit der E 6 vereint. Aus dem Gebirgsmassiv von Dovre und Rondane bist du ins Gudbrandsdal abgesunken. Folge der E 6 nach links und nach der Ortschaft Ringebu dem Wegweiser zur Stabkirche.

## Stabkirche Ringebu

In Ringebu steht die hohe Stabkirche, die um 1630 behutsam zur Kreuzkirche umgebaut wurde, oberhalb des Flusses Lågen. Der Umgang wurde entfernt. Der Westflügel mit Drachenportal gehört zur ursprünglichen Stabkirche von 1220. Der Glockenturm steht separat.

i *10. Juni–20 Aug. tgl. 9–17 Uhr | 80 NOK, Kinder 40 NOK | stavechurch.com*

**18 km** Fahr zurück zur E 6, biege nach rechts ab und nimm dann den Abzweig Hundorp über den Kongsvegen. Nach weiteren 7,5 km biegst du an einer Bushaltestelle rechter Hand scharf links ab auf ein Gehöft der Gemeinde Sør-Fron und parkst dort.

## Skulpturstopp Flokk

Im mehrteiligen Projekt „Skulpturstopp" geht es um eine Zwiesprache von Landschaft und Skulpturen. Auf diesem Hof hat die Künstlerin Gitte Dæhlin 21 hohe Bronzefiguren installiert. „Flokk" bedeutet Herde. Die

**MIT WEITBLICK**

**Die Sohlbergplassen-Aussicht kommt kurvig daher**

**KARAMELLNOTE**

**Der Norwegerkäse Brunost wird in hübsche Formen gegossen**

dürren Gestalten mit unterschiedlichen Gesichtern wurden in Mexiko gefertigt, wo die Künstlerin ihre Inspiration fand.

*i Eintritt frei | weitere Orte: skulpturstopp.no*

**44 km** Weiter geht's auf der E 6 nach Nordwesten, bis du dem Wegweiser nach links auf die Fv257 Richtung Heidal folgst. Nach dem Abbiegen verlässt du das Gudbrandsdal und begleitest den Fluss Sjoa. Ab und zu erhaschst du Blicke auf den schäumenden Fluss, von dessen Rafting-Qualität du dich vom Spot Gjendesee und vom Nationalpark Jotunheimen aus überzeugen kannst (s. S. 159). Im Ort Heidal hältst du am Shop einer Käserei.

## Heidal-Käsefabrik

Tradition ist in der **Heidal Ysteriet kafé & bakeri** wichtig: In alten Bauernhäusern im Blockhausstil mit Grasdach wird der berühmte braune Norwegerkäse hergestellt – geschmacklich immer gleich, aber in verschiedene dekorative Holzformen gegossen. Außer Käsegeruch nimmst du noch den Duft von gekochter Molke wahr, denn hier wird auch der Kultbrei Rømmmegrøt hergestellt. Es gibt Gruppenführungen, Verkauf und ein Sommercafé.

*i Café und Verkauf tgl. 10–17 Uhr | Ysterivegen 2B | Heidal | heidal-ysteri.no | €*

**20 km** Weiter geht die schöne Kurvenfahrt nahe der Sjoa, bis die Fv257 den Fluss plötzlich links liegen lässt. In Randsverk wechselst du auf die Fv51 Richtung Gjendesheim. Hier liegt der Campingplatz Randsverk (s. Spot S. 161). Die Straße macht einen Bogen nach Süden und trifft dort wieder auf den Fluss, wo ein Wegweiserpfeil dich nach links auf den schmalen Riddersprangvegen lockt. Folge dem Sträßchen kurz zu einem kleinen Parkplatz – unterwegs nimmst du an einer Gabelung die linke Piste. Kurzer Fußweg durch den Wald zum Fluss.

**Optionaler Anschluss:** Tour C

## Sjoa-Canyon Ridderspranget

Hier sprudelt der Fluss durch eine Enge im Schiefergestein. „Rittersprung" heißt die Stelle, weil im 14. Jh. ein Ritter einem anderen angeblich die Braut stahl und auf der Flucht vor seinen Verfolgern hier zu Pferd über den Fluss setzte.

*Der Fluss soll fließen! Mit Graufilter oder digitalem Menüpunkt ND (neutrale Dichte) raubst du dir so viel Licht, dass lange Belichtung das Wasser verwischt darstellt.*

**30 km** Zurück auf der Fv51 wendest du dich weiter nach Süden und rollst durch eine von Kiefern, Birken und Rentierflechte geprägte Almlandschaft. Auf dem Weg zum nahen Ziel Gjendesee kommst du an zwei heimeligen Bleiben, dem Hotel Hindsæter und dem Hüttendorf Sjodalen Hyttetun (s. Spot S. 160/1), vorbei. Danach tritt der Wald zurück und stille Seeflächen begleiten deine Reise bis zum beschilderten Abzweig, dem du noch 2 km bis zum See Gjende folgst. See und Gebirge kommen im Nationalepos „Peer Gynt" vor, geschrieben von Henrik Ibsen, vertont von Edvard Grieg.

Spot 16

**Gjendesee und Nationalpark Jotunheimen**
Auf Peer Gynts Spuren an Jotunheimens grüner See-Perle ▶ **S. 158**

**14 km** Die Fv51 führt dich weiter nach Süden. Seit Hindsæter fährst du auf der 49 km langen Nationalen Landschaftsroute Valdresflye – der „über den Bäumen schwebenden" Straße. Tatsächlich schwingst du dich stetig aufwärts und erreichst am Rastplatz Steinplassen 1390 m Höhe.

## Rastplatz Steinplassen und Flye 1389

Steinplassen (Steinplatz) ist die Installation des Schweizer Künstlerduos Fischli/Weiss. Ein 93 t schwerer Fels balanciert auf einem ähnlichen Brocken. Das erinnert spontan an Steinmännchen in den Bergen. Ein Zwillingswerk stand in den Londoner Kensington Gardens. Nur 2 Fahrminuten weiter befindet sich das Café Flye 1389 (*tgl. 10–18 Uhr* | €), eine cool-gemütliche Lounge in baumloser Tundra.

**9 km** Wenig später beginnt die Fv51 abzufallen. Plötzlich blickst du auf das breite Panorama der Seen Bygdin und Vinstre hinunter. Dazwischen zwängt sich auf 1060 m Höhe ein einsames Hochlandhotel.

## Bygdin Høyfjellshotell

Draußen herrscht Subarktik pur, in den Innenräumen dieses Hotels aus der Zeit hingegen gefallene Gemütlichkeit. Du kannst einen Kaffee trinken oder im Salon speisen (*€€*). Von hier fährt seit 1912 das Ausflugsschiff „Bitihorn" (*Bitihorn-Fahrt Juli, Aug. tgl., 2 Wochenenden im Sept. | Preise variabel, s. Website | jvb.no*), inzwischen mit dem vierten Motor. Die Kreuzfahrt über den Bygdin paradiert an Zweitausendern vorbei und dauert hin- und zurück 4 Stunden.

i *Hotel: Feb.–1. Okt.woche | bygdin.com*

**Insider-Tipp**
**Stellplätzchen mit Aura**

*Wenn dich die verwunschene Romantik des Hotels fesselt: Es gibt Platz für fünf Womos.*

**50 km** Die Fahrt geht rasch über die Fv51 nach Süden. Im Wintersportort Beitostølen gibt es Ausrüstungsläden, in denen Schnäppchen für Outdoorsachen locken. Und im Supermarkt lokale Käsesorten. Danach fällt die Straße langsam ab bis zur jungen, modernen Kleinstadt Fagernes, Hauptort der Kommune Valdres.

## Valdres Folkemuseum in Fagernes

Brillantes Museum mit auch nach Schließung noch zugänglichem weitläufigem Freiluftmuseum aus 100 alten Häusern. Die Themen sind Textilien, traditioneller Dachbau und Folkmusik. Letztere kommt im Sommer oft auf einer schönen Seebühne zur Aufführung.

*Tgl. 11–16 Uhr | 100 NOK, Kinder 50 NOK | Tyinvegen 27 | Fagernes | valdresmusea.no*

**43 km** Fahr vom Museum kurz nach Norden, dann rechts über eine Flussbrücke Richtung Oslo. Du folgst der E 16, bis du nach 17 km den Abzweig zur Fv33 nach Gjøvik nimmst. In schönen, langgezogenen Kurven geht es dahin, bis dich ein kleines Schild auf Stromschnellen und Felsritzungen rechter Hand hinweist.

## Møllerstufossen und Helleristningar

Bildschöne Stelle zum Parken, Picknicken und Betrachten einiger 6000 Jahre alten Felsritzungen direkt an den Stromschnellen Møllerstufossen. Hier gibt's Elche, nicht nur geritzte (*GPS 60.837088, 9.839770*).

**68 km** Weiter geht es auf der Fv33 bis Dokka, wo du nach links auf die Fv250 nach Lillehammer abbiegst. Durch wenig besiedeltes Waldgebiet erreichst du den See Mjøsa, wo du links abbiegst und bald auf einem Brückendamm in die spektakulär gelegene Olympiastadt Lillehammer einfährst.

Ziel & Spot 17

**Lillehammer**
Eine Stadt voller Winter-Olympioniken – auch im Sommer ▶ S. 162

GANZ SCHÖNE BROCKEN

Die zwei Felsbrocken am Rastplatz Steinplassen bilden eine Kunstinstallation

# Sunndalsøra

## Roadmovie und Wanderung zu Bergseen

**Fast einschüchternd wirken die Berge um den Ort am Ende des Sunndalsfjords. Im Kontrast dazu mutet der Baustil der 1950er-Jahre eher unattraktiv an. Das Wasserkraftwerk Aura speist sich aus dem Stausee Aursjøvatnet am höchst spannend zu fahrenden Aursjøvegen, während der natürliche Abfluss ins romantische Eikesdalen erfolgt. Zu Fuß gelangst du zum spektakulären Naturschutzgebiet im Hochtal Innerdalen, dessen Flutung zur Stromgewinnung verhindert wurde.**

**ALPENFLAIR**

**Die grasgedeckten Almhütten von Renndølsetra**

## AKTIVITÄTEN & SIGHTSEEING

### 1 Ziegengemecker im Innerdalen lauschen

„Unser schönstes Tal", sagen die Norweger. Grund genug, dass du dein Womo abstellst und eine knappe Stunde 3,5 km über ein Sträßchen bergan wanderst. Du landest im Traumszenario der grasgedeckten Almhütten von **Renndølsetra**, beispiellos am See Innerdalsvatnet gelegen unter Matterhorn-ähnlichen Gipfeln. Genieß im Sommer das Panorama mit einer Waffel aus dem Café *(Mitte Juni–Mitte Aug. tgl., bis Sept. nur an Wochenenden)* oder wandere einige Stunden. Besitzer Eystein Opdøl bewahrt die Familientradition und hütet auf seinem Stück alpiner Landschaft Schweine und Ziegen. Sein Opa kämpfte erfolgreich gegen staatliche Wasserkraft-Interessen. Das Ergebnis war die Einrichtung des ersten nationalen Landschaftsschutzgebiets Trollheimen. ***Anfahrt:*** *Von Sunndalsøra 10 km über die Rv70 nach Norden, dann am Wegweiser nach Innerdalen rechts ab und 10 km über eine schmale Straße zum Parkplatz (GPS 62.738260, 8.710251).*

### 2 Enge und Weite auf dem Aursjøvegen auskosten

„Unsere schönste Bergstraße", sagen die Norweger. Nimm dir den ganzen Tag Zeit für einen Rundkurs von etwa 160 km. In Sunndalsøra fährst du kurz die Fv62 Richtung Molde bis zum Wegweiser nach Aursjøvegen/Litledalen. Bald musst du einen Mautbalken per Kartenzahlung öffnen. Danach geht es durch enge Kehren bergan. In 570 m Höhe erreichst du den Stausee für das Kraftwerk im Tal. Dann schleichst du durch viel Weite auf unbefestigter Piste gen Süden, bis du am Stausee Aursjøvatn bei der Einkehr Aursjøhytta (nach 47 km) in 865 m Höhe den Wendepunkt nach Westen erreichst. Sogar zwei kurze, enge und finstere Tunnel gibt's hier oben – die Route hält jede Schikane parat. Die nächsten 10 km bieten spektakulärste Stopps, bevor du wieder abwärts kurbelst. Unten angekommen, steuerst du durchs Tal Eikesdalen und am Traumsee Eikesdalsvatnet entlang. Der schlanke See war mal eins mit dem Eresfjord, an welchem du deine Reiseroute vom Vortag aufnimmst und nach Sunndalsøra fortsetzt.

Insider-Tipp **Wasser marsch nur im Sommer** *In Eikesdalen zweigt eine 45-minütige Wanderung zum 655-m-Wasserfall Mardalsfossen ab, der aber nur im Sommer fließt.*

### 3 Im Leikvin-Kulturerbe-Park historisch wandeln

Auf der Rv70 Richtung Oppdal erreichst du nach 7 km den 70 ha großen Leivkin kulturminnepark. Etliche Gebäude datieren zurück bis etwa 1400. Der englische Landschaftsgarten mit viel Rhododendron geht auf lachsfischende viktorianische Briten zurück. Der Friedhof vertieft die Historie des ersten Jahrtausends n. Chr. ***Infos:*** *Mitte Juni–Mitte Aug. Di–So*

*11–17 Uhr | Eintritt frei, Führungen ab 60 NOK | kulturarv.no/kulturminne/leikvin-kulturminnepark*

## ESSEN & TRINKEN

### 4 Nyhaven Restaurant

Wenn du statt deiner Womo-Hausmannskost mal knusprige Ente essen möchtest, kehre hier ein. Eingebettet in das Sunndalsøra Hotell. ***Infos:*** *Tgl. 15–22 Uhr | Sunndalsveien 4 | Sunndalsøra | Tel. +47 998 9 43 04 | Facebook: Nyhaven-restaurant-100054474939201 | €€*

### 5 Spiskammerset

Gemütlich-loungiges Interieur aus den 70er- und 90er-Jahren. Afrikanische Erdnussuppe, Salate, Tortillas, Nachos. Plus Shoppingecke mit Taschen, Düften und Seifen. ***Infos:*** *Mo–Sa 11–17 Uhr | Nordmørsvegen 1 | Sunndaløra | Tel. +47 99 89 43 04 | Facebook: Kammerset & Spiskammerset | €€*

### 6 Vertshuset Eikesdal

An diesem Wirtshaus kommst du vorbei, wenn du vom Aursjøvegen kommend zum See Eikesdalsvatnet fährst. Die leckere Hausmannskost und samstägliche Grillabende am See locken viele Einheimische an. Draußen sitzt du im tollsten Bergpanorama. ***Infos:*** *Mitte Juni–Mitte Aug. Di–So 12–19 Uhr | Eikesdal, nahe Eikesdalen Campingplatz | Tel. +47 97 60 12 77 | Facebook: Vertshuset Eikesdal | €€*

## STELL- & CAMPINGPLÄTZE

### 7 Ideale Lage für Tagestrips oder Anglerglück

Zeltplatz am Ortsrand. Du stehst schön auf Wiesen direkt unterhalb lotrechter

ON THE ROAD

**Abendstimmung auf dem Aursjøvegen**

Bergwände. Der langjährige Besitzer verkauft Tageslizenzen fürs Angeln von Lachsen und Forellen im benachbarten Fluss Driva.

### Furu Laksvald og Campingsenter

*€€ | an der Rv70 2 km von Sunndalsøra*
*Tel. +47 47 23 97 75 |*
*furu-laksvald-campingsenter.no*
*GPS: 62.664271845354, 8.6170578002929*

- **Größe:** *70 Plätze, 10 Hütten*
- **Ausstattung:** *Komplett ausgerüstet, Kinderspielplatz*

## 8 Abgelegener Parkplatz nahe dem Heim der Trolle

Direkt am Wandereinstieg zur Alm Renndølsetra im Innerdalen gibt es einen großen Parkplatz, auf dem das Übernachten per Automat am Wandereinstieg bezahlt werden muss. Der Vorteil ist, dass du vor Sonnenaufgang zum See Innerdalsvatnet im Naturschutzgebiet Trollheimen (gut 30 Min.) laufen und dort die Morgenstimmung allein genießen kannst. Oder aber die letzten Sonnenstrahlen. Ebener Asphalt, sehr ruhig.

### Stellplatz Wanderparkplatz Innerdal

*€ | 20 km östlich von Sunndalsøra, 10 km östlich von Alvundeid*
*GPS: 62.73826, 8.710251*

- **Größe:** *30–40 Plätze*
- **Ausstattung:** *Nur eine Toilette*

## 9 Freundliche Zivilisation im menschenleeren Hochland

Die große Rundfahrt von Sunndalsøra über den Aursjøvegen berührt an ihrem südlichsten Punkt die DNT-Wanderhütte Aursjøhytta (58 km südlich von Sunndalsøra). Besser geht's nicht: Du stehst am See inmitten von nirgendwo und bekommst drinnen zumindest Suppe, Waffeln oder ein Tagesgericht (€). Achtung: Die Straße ist nichts für größere Womos!

### Stellplatz Wanderhütte Aursjøhytta

*€-€€ | Aursjøvegen*
*Tel. +47 95 17 10 88 | ut.no/hytte/10447/aursjhytta*
*GPS: 62.406163, 8.540922*

- **Größe:** *3–4 Plätze*
- **Ausstattung:** *Toiletten, Waschraum und Speisen in der Hütte, Strom, keine Toilettenentsorgung*

# Hjerkinn und Dovrefjell

## Begegnung mit Urviechern im Dovre-Gebirge

**Das Dörfchen auf 1000 m Höhe war schon immer das wichtigste Verkehrskreuz im Dovrefjell-Gebirge. In dieser rauen Natur fühlen sich wilde Rentiere und sogar Moschusochsen in ihrem Element. Im kurzen, heftigen Sommer explodiert eine Pflanzenwelt wie sonst nirgends in Norwegen. Mitten in wilder Natur bietet der Snøhetta-Pavillon famose Behaglichkeit und Aussicht. Und das alte Pilgerhotel in Kongsvoll ist die gute Stube.**

**DESIGN AM BERG**

Snøhetta ist der Name des Bergs und des Architekturbüros

## AKTIVITÄTEN & SIGHTSEEING

### 1 Im Snøhetta-Pavillon meditieren

Das Dovrefjell hat die schönste Landschafts-Lounge der Welt. Zumindest gewann die Firma Snøhetta diesen Preis beim Architekturfestival für ihren Norwegian Wild Reindeer Pavillon. Nach 1,5 km Wanderung vom Parkplatz erreichst du den einsamen Stahlcontainer mit einer Glasfront zum Berg Snøhetta. Drinnen sitzt du auf gewundenem Holzgebänk und schaust in raue Bergnatur. ***Infos:*** *Juni–Okt. tgl. | Eintritt frei | 6,5 km westlich von Hjerkinn* ***Parken:*** *GPS 62.2266 34, 9.518407*

### 2 In der Eysteinkyrkja pausieren

In der 1969 eingeweihten Kirche kehren Wanderer auf dem Pilgerweg von Oslo nach Trondheim ein. Das schlichte Gebäude ist eine moderne Überraschung im Land der Stabkirchen. Der Name erinnert an den König Øystein Magnusson aus dem 12. Jh. ***Anfahrt:*** *1 km östlich der Kreuzung E 6/Fv29* ***Infos:*** *Tgl. 10–19 Uhr | Eintritt frei | Hjerkinn*

### 3 Im Nationalpark auf Safari gehen

Die sonst nur in der Arktis lebenden Moschusochsen wurden 1947 auf den Höhen des heutigen **Doppel-Nationalparks Dovrefjell-Sunndalsfjella** angesiedelt. Auf einer 5–7-stündigen Safari mit den Guides von **Oppdal Safari** kommst du ihnen näher. Du fährst in Kolonne mit eigenem Womo und läufst etwa 12 km im Gelände. Dabei entdeckst du mit Glück auch wilde Rentiere und Schneehühner. ***Anfahrt:*** *Nach Oppdal Bahnhof: 51 km/45 Min. nördlich von Hjerkinn über die E 6* ***Infos:*** *Oppdal Safari | Juni–Sept. generell ab 10 Uhr, Juli/Aug. tgl., sonst 3–4-mal pro Woche | 625 NOK, Kinder 375 NOK | Start: Oppdal Bahnhof, bei Buchung kann man auch vereinbaren, in Hjerkinn oder Kongsvold dazuzustoßen | Tel. +47 98 69 32 00 | moskussafari.no*

### 4 Im Nationalpark ausreiten

Wechsel im Nationalpark Dovrefjell-Sunndalsfjella doch mal vom Fahrersitz in den Sattel. An der **Hjerkin Lodge** kannst du verschieden lange Ausritte mit Islandponys buchen (auch für ungeübte Reiter). Ein aufregendes Erlebnis für Erfahrene ist ein Ritt auf Moschusochsen-Fährten *(Do, Sa | 2000 NOK).* ***Infos:*** *Hjerkinn Lodge & Fjellridning | Mitte Juni–Mitte Sept. | Tagesritt Mo–Fr geführt ab 1250 NOK, Reiter bis 90 kg | Kvitdalsvegen 12 | Hjerkinn | Tel. +47 94 05 04 29 | hjerkinn.no*

## ESSEN & TRINKEN

### 5 Kongsvold Fjeldstue

Die ehemalige Berghütte auf dem Dovrefjell ist heute ein Hotel. Drinnen wird dir im Speiseraum, der mit alten Bauernschränken und geschnitzten Antiquitäten möbliert ist, herzhaft aufgetischt. Die Gerichte sind traditionell, die Zutaten aus dem Gebirge, z. B. Moschuswurst, Rentierzunge, geräuchertes Rentierfleisch. **Infos:** *Tgl. ganztägig | Dovrevegen 3663 | Kongsvoll | Tel. +47 47 67 06 53 | frich.no/kongsvold-fjeldstue-2 | €€€*

### 6 Dovregubbens Hall

Typische Traditionsherberge ganz in Holz. Das Essen im großen Saal oder Kaminzimmer ist leckere Hausmannskost. Zum Ensemble gehört ein Souvenirshop mit irrwitzigen Trollschnitzereien. **Anfahrt:** *Nur 10 km südlich der Wegkreuzung in Hjerkinn nahe der E 6* **Infos:** *Tgl. 10–18 Uhr | Trondheimsvegen 2 | Dombås | Tel. +47 61 24 29 17 | dovregubben.com | €€*

### 7 Furuhaugli Fjellhytter

Die Herberge im traditionellen Stil bietet Zimmer, Campingplatz und Restaurant. Das typisch norwegische Essen ist gut und populär. Besonders lecker: das norwegische Knäckebrot *flatbrød* mit Rentiersalami und der Rentierburger. Reservieren. **Anfahrt:** *15 km südlich von Hjerkinn auf der E 6* **Infos:** *Juni–Aug. tgl. ab 20 Uhr, sonst Do–So | Furuhauglie 80 | furuhaugli.no | €€*

**Insider-Tipp**
**Bier mit Moschusochse**
*Tolles Mitbringsel: Die Ales der winzigen Hausbrauerei Furuhaugli haben Etiketten mit Moschusochsen.*

### 8 Hjerkinnhus

Ehemals Armeebaracken, jetzt Wandererunterkunft in einer kleinen norwegischen Hotelkette. Traditionelle Gerichte in uriger Gemütlichkeit serviert, es gibt aber auch Pizza & Co. Du kannst Fahrräder mieten. **Infos:** *Tgl. ganztägig | Herkinnhus veien 35 | Hjerkinn | Tel. +47*

**EINFACH LOSWANDERN**

Im Dovrefjell gibt es zahlreiche Wanderparkplätze

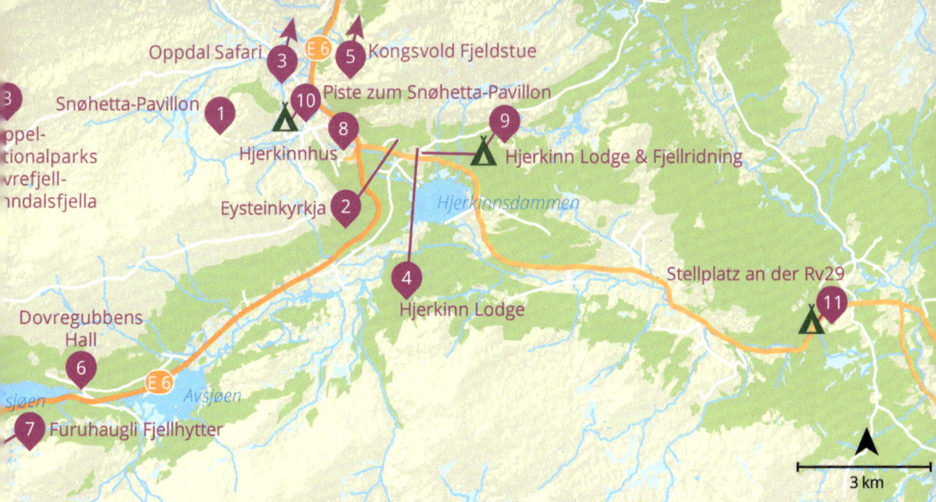


46 42 01 02 | *frich.no/frich-s-hjerkinn hus* | €€

## STELL- & CAMPINGPLÄTZE

### 9 Camping mit Aussicht, Reitmöglichkeit und Speisen

Seit vielen Generationen betreut dieselbe Familie hier Gäste. Toller Blick auf See und Berge. Im großen Speisesaal kannst du etwas essen oder nur Kaffee bzw. heiße Schokolade trinken. 2 km östlich der Hjerkinn-Kreuzung an der Fv29.

**Hjerkinn Lodge & Fjellridning**

*€€€ | Kvitdalsvegen 12 | Hjerkinn*
*Tel. +47 61 21 51 00 | hjerkinn.no*
*GPS: 62.22203, 9.576235*

- **Größe:** *30–40 Stellplätze, etliche Zimmer*
- **Ausstattung:** *Komplett ausgestattet, kein Aufenthaltsraum*

### 10 Wild im Wind stehen

Von der Hjerkinn-Kreuzung folgst du dem Hinweisschild für den Snøhetta-Pavillon für 2 km bis zum Parkplatz. Entlang dieser Piste wirst du etliche Womos stehen sehen. Such dir einfach ein privates Plätzchen, wenn du wildes Terrain und die Nähe zum tollen Pavillon haben möchtest.

**Piste zum Snøhetta-Pavillon** 

*Hjerkinn*
*GPS: 62.22645, 9.518067*

- **Größe:** *10–20 unbefestigte Stellplätze*

### 11 Wildcampen mit Feuer und Wasser

Wenn dir das Übernachten auf baumlosen Höhen nicht behagt, findest du 13 km hinter Hjerkinn entlang der Fv29 Richtung Folldal einen intimeren Stellplatz. Gegenüber einem blauen Hinweisschild biegst du links ab und stellst dich ans hinter Bäumen versteckte Flussufer. Auf der Wiese findest du Bänke sowie Feuerstellen. Fürs Feuer soltest du etwas Feuerholz mitführen. Ein morgendliches Bad im Fluss ist möglich, aber ein kurzes, weil kaltes Vergnügen.

**Stellplatz an der Rv29**

*GPS: 62.186937, 9.748343*

- **Größe:** *3 Stellplätze*

# Gjendesee und Nationalpark Jotunheimen

## Auf Peer Gynts Spuren an Jotunheimens grüner See-Perle

**Der Aktiv-Spot schlechthin! Der fjordartige grüne Gjendesee ist der schönste See in Jotunheimen, der „Heimat der Riesen", und Peer Gynts legendäre Spielwiese. Bei gutem Wetter ist der Wanderklassiker auf dem Bessegen-Grat am See ein Muss. Der Fluss Sjoa will geraftet werden, die Piste zu Norwegens höchsten Bergen erradelt. Für soviel Bewegung sollte man sich anschließend mit einem Gaumenschmaus im Hindsæter Fjellhotell belohnen oder sich dort gleich das Glamping-Angebot gönnen.**

**AM BESSEGEN-GRAT**

Hier fließt der Fluss Sjoa in den Gjendesee

## AKTIVITÄTEN & SIGHTSEEING

### 1 Vom Bessegen-Grat ein irres Farbspektrum entdecken

Die mittelschwere 14-km-Wanderung über den Grat (einer der Hauptorte im Abenteuergedicht „Peer Gynt") ist sehr populär. Es wird bunt, wenn du vom Plateau auf 1743 m zum Grat absteigst, der zwei Seen trennt. Gjende ist von Gletschersedimenten milchig-grün gefärbt, Bessvatnet ist tiefblau, weil nur klares Schmelzwasser aufgenommen wird. Start und Ziel sind Gjendesheim und Memurubu, jeweils mit Pier fürs Sightseeing-Boot, dass du für Hin- oder Rückweg nimmst. ***Infos:*** *Juni–Sept. | 5–7 Std., letztes Boot von Memurubu 18 Uhr | gjende.no*

### 2 Auf dem Gjendesee nach Gjendebu schippern

Die Fährleute des 18 km langen Gjendesees kommen seit sechs Generationen aus einer Familie. Schnellboote schippern von Gjendesheim nach Memurubu halben Wegs und Gjendebu am anderen Ende. Die Hütte Gjendebu ist Knotenpunkt für Jotunheimen-Pfade. ***Infos:*** *Tagestickets ab 220 NOK | gjende.no | Rundfahrten 1–3 Std., Verköstigung an Bord* **|** *€-€€*

### 3 Mit dem Mountainbike Jotunheimen erobern

Die zwischen 700 und 1400 m hoch gelegenen Trails sind ideal, um mit dem Mountainbike (auch als E-Bike!) die Gegend bei Randsverk (*Radverleih bei Randsverk Camping | randsverk.no*) und am See Lemonsjøen zu erkunden. Ausgewiesene Touren von 30 Min. bis 6/7 Std. ***Infos:*** *Bike & Hike | Radmiete-Beispiel 200 NOK/Tag, E-Bike 700 NOK/Tag, Helm 50 NOK | Lemonsjøen Fjellstue an der Rv51 | bikeandhike.no, randsverk.no*

**Insider-Tipp**
**Radeln ins Hochgebirge**

*Fit? Dann radle von Randsverk 64 km Schotterstraße retour zur Glitterheim Turisthytte zu Füßen von Norwegens höchsten Gipfeln.*

### 4 Auf Elchsafari gehen

Vom Campingplatz in Randsverk werden zweistündige Abendfahrten auf Elchpirsch angeboten. Unterwegs erfährst du viel Spannendes über die Ge-

## REGENTAG – UND NUN?

### 5 Raften, boarden und kraxeln am Fluss Sjoa

Spritzig! Es gibt ganz- und halbtägige Touren vom Raftingcamp in Heidal *(ab 15 J.)* und Familientouren ab dem Campingplatz Sjodalen Hyttetun. Du kannst auch auf einem Board die Wellen abreiten oder Seitenflüsse beim Canyoning im Neoprenanzug durchkreuchen. ***Infos:*** *3 Std. Rafting 960 NOK (ab 15 J.), 5 Std. Canyoning 1050 NOK | raftingsjoa.no*

gend. **Infos:** *Juni–Aug. | 300 NOK | randsverk.no | max. 5 Teilnehmer*

## ESSEN & TRINKEN

### 6 Hindsæter Fjellhotell

Vier Gänge im Neck-to-tail-Stil (z. B. frittierte Rentierflechte, Bouillon aus Herz und Zunge vom Rentier). Das urige Hotel bietet 2–3 Stellplätze mit Dinner und Frühstück als Womo-Option. (Die Stellplätze sind gratis, wenn man das Dinner bucht.) **Infos:** *Vorreserviertes Dinner tgl. 19 Uhr, 750 NOK | Sjodalsveien, an der Rv51 | Tessanden | Tel. +47 61 23 89 16 | hindseter.no |€€-€€€*

**Insider-Tipp**

**Kurt Schwitters war hier!**

*Der große deutsche Dadaist weilte während seines norwegischen Exils (1937–40) hier – schau mal ins Gästebuch!*

### 7 Gjendesheim Turisthytte

Die 1878 eröffnete DNT-Hütte liegt auf 1000 m am Gjendesee, wo Wanderung und Bootsfahrt nach Memurubu starten. Frühstück und Abendessen auch für Nichtgäste. Famoser Seeblick. **Infos:** *Tgl. | Gjendevegen 200 | 2 km abseits der Rv51, 20 km/20 Min. südlich von Hindsæter | Tel. +47 61 23 89 10 | gjendesheim.dnt.no | €€*

### 8 Bessegen Fjellpark Restaurant

Restaurant des Campingplatzes (s. Nr. 12) im Holzstubenstil. Die Küche serviert traditionelle Gerichte aus Wald, Fluss und Flur. Weltbeste Fleischklößchen (*kjøttkaker*), sagt Norwegens Kochpapst Arne Brimi. **Anfahrt:** *Nur 2,5 km vom Gjendesee, dort wo man die Rv51 in Richtung See verlässt* **Infos:** *Tgl. | Hoskelivegen 27 | Vågå | Tel. +47 61 23 89 22 | maurvangen.no | €€*

**ZWISCHEN WALD UND FLUSS**

**Im Hüttendorf Sjodalen geht es gesellig zu**

## 9 Kalven Seter

Am Südende des Sees Lemonsjøen liegen die zum Café umgenutzten Almgebäude. Sehr gute Kaffeespezialitäten werden mit Waffeln, Pfannkuchen und Sandwiches serviert. Für Kinder gibt's einen Spielplatz. ***Infos:*** *Juni–Aug. 11–16 Uhr | Fjellvegen 1597 | Lemonsjøen | kalvenseter.no | €*

### STELL- & CAMPINGPLÄTZE

## 10 Aktiv-Hotspot

Der geräumige, saubere Campingplatz 15 km nördlich von Hindsæter liegt schön im Grünen und ist Ausgangsort für Wanderungen und Radtouren. Tourist Info, Karten und Radmiete.

### Randsverk Camping

*€€€ | Fjellvegen 1970 (Kreuzung FV51/Fv257)*
*Tel. +47 97 50 30 81 | randsverk.no*
*GPS: 61.73047, 9.08154*

- **Größe:** *Über 100 Stellplätze, 20 Hütten*
- **Ausstattung:** *Komplett ausgestattet, Supermarkt und Café (tgl. 10–18 Uhr | €)*

## 11 Wo sich Elch und Rentier Gute Nacht sagen

Das urige Hüttendorf liegt 4 km nördlich von Hindsæter, 700 m von der Rv51 zwischen Waldrand und dem Fluss Sjoa. Rafting- und sommerliche Hundeschlitten-Touren starten hier. Sehr nette Betreiber. Abendliche Runden um Feuerstelle in traditioneller Rundhütte (*gamme*).

### Sjodalen Hyttetun og Camping

*€€€ | Sjodalsvegen 1234 | Tessanden*
*Tel. +47 934 0 71 38 | sjodalenhyttetun.no*
*GPS: 61.633975, 9.003838*

- **Größe:** *Etwa 20 Stellplätze, 12 Hütten*
- **Ausstattung:** *Komplett ausgestattet, warme Mahlzeiten bestellbar*

## 12 Seenähe und Restaurant

Der geräumige, leicht holprige Platz liegt nur gut 2 km östlich von Gjendesheim und dem See. Die Sanitäranlagen sind leider etwas in die Jahre gekommen. Uriges Restaurant (s. Nr. 8).

### Bessegen Fjellpark Maurvangen

*€€€ | Maurvangen an der Fv51*
*Tel. +47 61 23 89 22 | maurvangen.no*
*GPS: 61.489958, 8.844854*

- **Größe:** *Etwa 80 Stellplätze, 26 Hütten*
- **Ausstattung:** *Komplett ausgestattet*

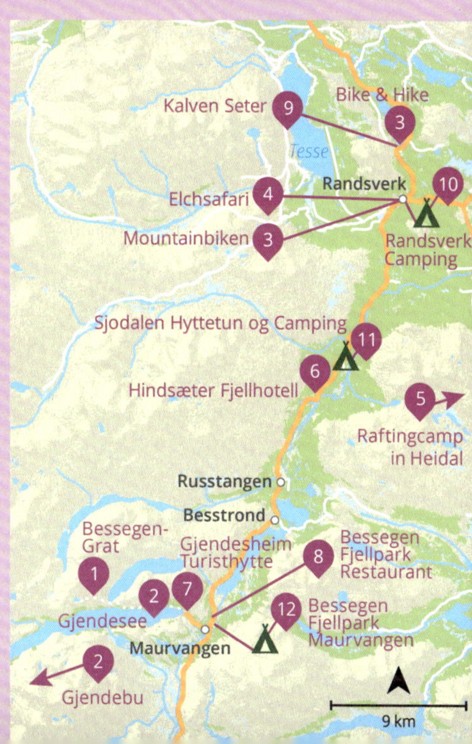

# Lillehammer

## Eine Stadt voller Winter-Olympioniken – auch im Sommer

**Hier kommt man sich leicht unsportlich vor. Mitten im Sommer sieht man gefühlt die ganze Einwohnerschaft Lillehammers den 7 km langen Anstieg vom See Mjøsa zum olympischen Skistadion Birkebeiner auf Rollbrettern hochpowern und runterrasen. Oder von der Lysgårds-Sprungschanze auf grüne Matten segeln. Neben Sport ist aber auch Kultur angesagt: in moderner Form im Kunstmuseum oder traditionell im Freilichtpark Maihaugen. Und Lillehammer hat sogar kulinarische Spitzenleistungen im Repertoire.**

**VOR DEM ABSPRUNG**

Die Skisprungschanze Lysgårdsbakken im Sommer

## AKTIVITÄTEN & SIGHTSEEING

### 1 In Maihaugen entdecken, wie die Bauern früher lebten

Das filmreife Freilichtdorf aus 200 Gebäuden versetzt dich in alte Zeiten. Sinnlich beredt ist das abgegriffene Holzinterieur der Blockhäuser. In Werkstätten wird gehobelt. Eine Stabkirche gibt's auch. Abgerundet wird Maihaugen durch ein Postmuseum und das Olympische Museum, das Idee, Historie und Emotion des olympischen Geistes visuell modern darstellt – aus norwegischer Sicht natürlich. ***Infos:*** *Juni–Aug. tgl. 10–17, sonst meist Di–Sa 11–15 Uhr | inkl. Postmuseum 215 NOK, Kinder 75 NOK | Maihaugvegen 1 | Lillehammer | maihaugen.no*

### 2 Am Lysgårdsbakken den Skisprungkitzel spüren

Die Skisprungschanzen-Anlage wurde für die Olympischen Winterspiele 1994 errichtet. Sie wird weiterhin für Sprungevents genutzt, steht aber auch jedem Norweger ganzjährig für Übungssprünge zur Verfügung. Weshalb sie so normal wie ein Freibad anmutet. ***Infos:*** *Immer geöffnet | Eintritt frei | Lysgårdsvegen 55 | Lillehammer*

**Insider-Tipp**
**Im Geiste mitspringen**

*Die Sportverrücktheit steckt an. Lauf die vielen Treppenstufen neben der Schanze hoch und schau den Freizeitspringern beim Absprung zu.*

### 3 Sich im Hunderfossen Famielepark austoben

Norwegen ganz trubelig. Der Familienfreizeitpark Hunderfossen 10 km nördlich der Stadt ist ein absoluter Magnet. Viele der über 60 Attraktionen sind aktiv, es gibt Familien-Rafting im Wildbach, Hochseilpark, Abenteuerschiff, Gokarts, Streichelbauernhof, Wasserrutschen, Märchengrotte, Artisten, Clownereien. Im Sommer im Voraus buchen. ***Infos:*** *Feb.–Sept. tgl. 10–17/18 Uhr | Erwachsene und Kinder über 1,20 m ab 500 NOK, Kinder unter 1,20 m ab 440 NOK, Kinder unter 90 cm Eintritt frei | Fossekrovegen 22 | Fåberg | hunderfossen.no*

### 4 Im Sommerbob die Olympiabahn herunterrasen

Ja, du darfst einsteigen – man sitzt zu dritt hinterm Profi-Bobpiloten. Mit

## REGENTAG – UND NUN?

### 5 Im Lillehammer Kunstmuseum trocknen

Von den Architektur-Gurus Snøhetta wie eine Art magischer Holzschuppen mitten im Ort gestalteter Bau. Die Gemälde sind größtenteils von Privatsammlungen gestiftet. Auch wenn meistens auf Norwegen Bezug genommen wird, ist der künstlerische Rahmen sehr divers. ***Infos:*** *Juni–Aug. tgl. 10–17, sonst Di–So 11–16 Uhr | 145 NOK, Kinder 65 NOK | Stortorget | Lillehammer | lillehammerkunstmuseum.no*

100 km/h geht's etwa 75 Sekunden lang auf vier Rädern durch den Bobkanal. ***Infos:*** *Juni–Aug. tgl. | für 3 Personen 1000 NOK p. Person | Hunderfossvegen 680 | Fåberg (10 km nördlich von Lillehammer) | olympiaparken.no/aktiviteter/taxibob*

## ESSEN & TRINKEN

### 6 Café Sorgenfri

Café mit Eierlikör, Kuchen, Smoothies, Chai Latte, leckere Salate, Gulaschsuppe, Schnitzel. Letzteres klingt nicht nach Norwegen, denn da ist viel Österreich drin. Kleines Highlight hinterm Museum. Große Karte, großes Herz. ***Infos:*** *Tgl. 10–19 Uhr | Stortorget 64 b | Lillehammer | Tel. +47 41 59 37 67 | Facebook: sorgenfrililllehammer | €€*

### 7 Det Lille Pannekakehuset

Die Pfannkuchen sind holländische Poffertjes vom Feinsten. Süß, beerig, herzhaft. Besonders lecker sind die Küchlein mit norwegischem Ziegenkäse, Walnüssen, Datteln, Honig und Rosmarin. Kinder bekommen bunte *pannekaker* mit einem Überraschungsei. ***Infos:*** *Mo–Fr 10–18, Sa 10–17 Uhr | Storgata 64 | Lillehammer | Tel. +47 91 99 30 52 | detlillepannekakehuset.no | €-€€*

### 8 LYNG mat & bar

Die beste Küche in Lillehammer ist jung und serviert einen Touch Haute Cuisine mit fruchtiger Note und viel Saisongemüse. Ob Heilbutt oder Entenkeule, alles ist fein zubereitet und wird in coolem Bar-Ambiente aufgetischt. ***Infos:*** *Mi, Do 16–22, Fr, Sa 16–24, So 16–21 Uhr |*

**GUT AUSGERÜSTET?**

**Was noch fehlt, bekommst du im Outdoorshop**

*Nymosvingen 2 | Lillehammer | Tel. +47 90 61 77 74 | lyngmatogbar.no | €€€*

## EINKAUFEN

### 9 Fjällräven Fjellshop

Schnuckeliger Outdoorladen des schwedischen Ausrüsters. Zu erkennen an den Hängematten vor der Tür in der ebenfalls sehr schnuckeligen Haupteinkaufsstraße Lillehammers. Toll zum Stöbern und Sonderangebote shoppen.

***Infos:*** *Mo–Sa 10–18 Uhr | Storgata 70 | Lillehammer | fjellshop.no/lillehammer*

## STELL- & CAMPINGPLÄTZE

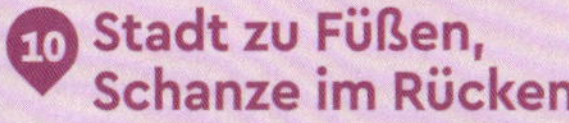

### 10 Stadt zu Füßen, Schanze im Rücken

Der einfache Parkplatz hat's in sich: Direkt unterhalb der Sprungschanze gelegen, hat er die beste Aussicht nach unten und oben. Du zahlst mit Easypark.

### Stellplatz am Lysgårdsbakken

*€ | Birkebeinervegen 124 | Lillehammer*
*GPS: 61.123719, 10.487185*

▶ **Größe:** *50 Stellplätze*

### 11 Sportlerambiente von früh bis spät

Campingplatz hoch über der Stadt im Birkebeiner-Skistadion. Da kannst du vorm Frühstück schon den sportlichen Geist der Stadt aufnehmen und eine Joggingrunde hinlegen.

### Olympiaparken Camping

*€€ | Sjøsetervegen 29 | Lillehammer*
*Tel. +47 61 05 42 00 | olympiaparken.no/camping-lillehammer*
*GPS: 61.134553, 10.507834*

▶ **Ausstattung:** *Komplett ausgerüstet*

### 12 Campingstadt am See

Enorm großer Campingplatz direkt am Seeufer nur 2 km vom Stadtzentrum.

### Lillehammer Camping

*€€€ | Dampsagvegen 47 | Lillehammer*
*Tel. +47 61 25 33 33 | lillehammer-camping.no*
*GPS: 61.102366, 10.463247*

▶ **Größe:** *250 Stellplätze, 18 Hütten ab 900 NOK und 17 Wohnungen*
▶ **Ausstattung:** *Komplett ausgerüstet, Kinderspielplatz und Badestrand mit Wassertrampolin*

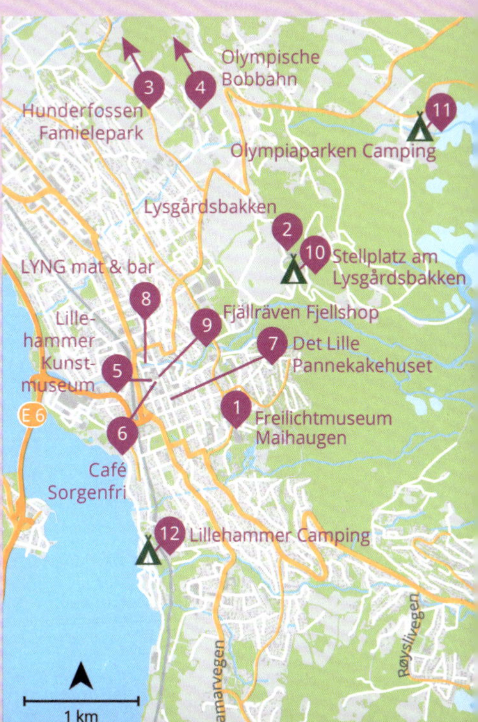

**HERAUSRAGEND**

Die Stabkirche Heddal hat eine besonders auffällige Dachkonstruktion

# Auf kunstsinnig-poetischen Schleichwegen zur Hauptstadt
# **Von Lillehammer nach Oslo**

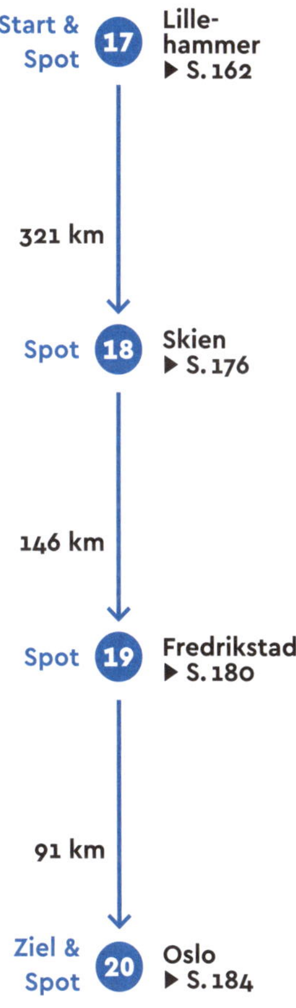


Oslo kann warten – du näherst dich der Hauptstadt auf dieser Tour im Bogen. Über den fabelhaften Kunstgalerie-Park Kistefos steuerst du die Telemark-Region an und besuchst Heddal, die opulenteste Stabkirche Norwegens. Dann nimmst du dir Zeit für die Poesie von Skien, wo Edvard Grieg heranwuchs und der Telemarkkanal zu Slow Travel einlädt. Am Oslofjord liegen hüben das Atelier Edvard Munchs, drüben die Festungsstädte Fredrikstad und Halden an der schwedischen Grenze. Endpunkt Oslo schließlich ist ganz große Oper.

**Strecke** 558 km

**Reine Fahrzeit** 10 Std.

**Streckenprofil** Bis auf ein schmales Nadelöhr oft gradlinige, gute Straßen, Überlandfahrten mit wenig Küstenberührung

**Anschlusstouren**
A F

FACTS

# Tour G im Überblick

## Tour-Highlights

Moderne Kunst mit architektonischem Dreh in *Kistefos* aufspüren ▶ **S. 172**

In der märchenhaften *Stabkirche Heddal* ins Mittelalter abtauchen ▶ **S. 173**

Vom Schiff die Landschaft am *Telemark-Kanal* genießen ▶ **S. 177**

Ein Sonnenbad auf dem Dach von *Oslos Oper* nehmen ▶ **S. 185**

In den Museen von *Bygdøy* Ozeanabenteuer erleben ▶ **S. 186**

17
Lillehammer
Seite 162
Fagernes
Moelv
Brumunddal
Elverum
Dokka
Gjøvik
Hamar
Raufoss
Stange
Gol
Norge
Gran
Hadeland Glassverk
Eidsvoll
Råholt
Kistefos-Museum
Kongsvinger
Hønefoss
Jessheim
Lillestrøm
Vikersund
20
Oslo
Seite 184
Asker
Hokksund
Ski
tabkirche Heddal
Drøbak
Ås
Kongsberg
Svelvik
Askim
Mysen
Sverige
otodden
Holmestrand
Bø
Horten
Rakkestad
Årjäng
Åsgårdstrand
Skien
Seite 176
18
19
Fredrikstad
Seite 180
Sandefjord
Halden
Stathelle
Langesund
Indre Skagerrak
Strömstad
20 km

# G Tourenverlauf

Start & Spot 17

**Lillehammer**
Eine Stadt voller Winter-Olympioniken – auch im Sommer ▶ S. 162

**45 km**

In Lillehammer folgst du der Beschilderung zur E 6, die du nach Durchfahrt eines Tunnels erreichst. Eine flache Brücke führt dich über den See Mjøsa an dessen Westufer, wo du dich nach Osten wendest. Eine gute halbe Stunde begleitest du den schlanken See auf gerader Strecke. Wenn links eine flache Straßenbrücke über den See auftaucht, biegst du im Kreisverkehr auf die R4 Richtung Gjøvik. Am großen Einkaufszentrum am Rand von Gjøvik biegst du im Kreisverkehr rechts ab Richtung Zentrum, darauf wieder nach links, fährst am Bahnhof vorbei und parkst danach auf einem großen Parkplatz in der Parkgata.

## Gjøvik

Zuerst wendest du dich vom Parkplatz nach Westen und flanierst die Fußgängermeile Storgata nach links entlang. Bald findest du hier die Schokoladenfabrik Gjøvik Sjokolade *(Storgata 8 | Mo–Fr 10–17, Sa 10–16 Uhr | gjoviksjokolade.no)*. Dich satt zu sehen an den Pralinen ist nicht genug, der süßen Auswahl kann man kaum widerstehen. Verlasse den Laden nach links und gehe bis zur Fjellhalle. Davor steht eine Skulptur von Robert Deacon, Teil des Skulpturstopp-Trails Mittelnorwegens. Die 5 m hohe amorphe Masse aus Sandguss-Aluminium ist inspiriert von der örtlichen Fabrik O. Mustad & Søn, dem weltgrößten Hersteller von Angelhaken, sowie der Kletterwand in der Fjellhalle. Die Arena wurde ursprünglich für die Olympischen Winterspiele 1994 als Eishockeystadion in den Fels gesprengt. Schließlich läufst du wieder zurück zum Parkplatz und etwas weiter zum Pier für den „Skibladner", den ältesten noch in Betrieb befindlichen Raddampfer der Welt. Das weiße, 50 m lange Ausflugsschiff von 1856 steht unter Denkmalschutz und befährt den Mjøsa, Norwegens größten See, auf einer Länge von 100 km. Eine kurze Kreuzfahrt dauert 3 Stunden, eine lange den ganzen Tag. Gutes Bordrestaurant *(Mitte Juni–Mitte Aug. tgl. | ab 405 NOK retour | Strandgata 28 A | Gjøvik | Fahrplan: skibladner.no)*.

**P** *GPS 60.795330, 10.694555*

**80 km**

Sortiere dich wieder auf der Rv4 Richtung Oslo ein und verlasse Gjøvik durch einen kurzen Tunnel. Die mal zwei-, mal dreispurige

Straße schwingt nach Süden, bis du nach etwa einer Fahrstunde einen Kreisverkehr erreichst. Du biegst nach rechts ab und folgst der E 16 Richtung Jevnaker. Nach schöner Fahrt durch locker besiedelte Gegend erreichst du das Örtchen Jevnaker an der Südspitze des Sees Randsfjord. Seit 1762 ist hier eine Glaswerkstatt in Betrieb.

## Hadeland Glassverk

In den Ursprungsjahren des ältesten Industriebetriebs Norwegens mussten Glasbläser aus Deutschland angeheuert werden. Heute kannst du bei der Herstellung am Glasofen und anderen Fertigungsprozessen zuschauen – auch für Kinder spannend. Die altehrwürdige Architektur bildet einen tollen Kontrast zu den fragilen, modernen, bunten Produkten, die hier entstehen.

*i Tgl. 10–16 Uhr | Glassverkvegen 9 | Jevnaker | hadeland-com*

**Insider-Tipp**
**Geschenke aus Norwegen-Glas**

*Schöne Mitbringsel sind gläserner Weihnachtsbaumschmuck oder mit Erdbeer-Panacotta gefüllte Einmachgläser mit Norge-Schriftzug.*

**SCHIFFSLEGENDE**

**Der „Skibladner" ist der älteste aktive Raddampfer der Welt**

**5 km** Fahr kurz zurück zur Kreuzung mit der E 16 und bleib nach der Unterführung geradeaus auf der Fv241, bis nach wenigen Minuten der Abzweig nach Kistefos ausgeschildert ist.

## Kistefos-Museum

Das vor allem aus einer Privatsammlung stammende Ensemble aus etwa 50 im Parkgelände verteilten Skulpturen sowie Wechselausstellungen in drei Galerien ist europäische Spitzenklasse. Die Twist Gallery, eine in sich gedrehte Brückenführung über einen Fluss, wurde selbst als Skulptur konzipiert. Der vom angesagten dänischen Architekten Bjarke Ingels (BIG-Gruppe) verantwortete Dreh wirkt nun als Kunstmagnet.

*i Mai–Sept. Di–So 10–17, ab Okt. Sa, So 11–16 Uhr, Skulpturenpark: durchgehend geöffnet | Skulpturenpark: Eintritt frei, Galerien: 195 NOK, Kinder bis 16 J. Eintritt frei | Samsmoveien 41 | Jevnaker | kistefos museum.com*

**Insider-Tipp**
**Ausblicke vom Kistefos-Klo**

*Die Toiletten im Untergeschoss sind wegen des Fensterblicks auf den Twist-Unterbauch und der Videoinstallationen in den Kabinen ein Muss!*

**126 km** Fahr kurz über den schmalen Kistefosveien zurück bis zur Kreuzung und biege nach rechts auf die Fv241. Auf meist gerader Strecke geht es durch Felderwirtschaft bis zu einem Kreisverkehr, wo du Richtung Hønefoss auf die E 16 fährst. Du beschreibst kurz einen Bogen nach Nordwesten bis zu einem Knotenpunkt, an dem du auf die Rv35 Richtung Hokksund wechselst. In Hokksund bleibst du auf der Rv35/E 134 und fährst Richtung Kongsberg, von dort nach Notodden. Durchfahre den Ort und folge dem Schild zur Stabkirche Heddal.

## Stabkirche Heddal

Die mit 26 m Höhe und 20 m Länge größte erhaltene Stabkirche des Landes sticht wie ein schuppiges Fabelwesen aus der Landschaft der Region Osttelemark heraus. Der mehrstufige Dachbau plus drei Türme geben der Kirche eine majestätische Aura, die im dunklen Inneren ins Intime wechselt. Vier Portale zum Laubengang sind mit vorchristlichen Wächter-figuren geschmückt. Bischofsstuhl, Altartafel und ein Weihrauchgefäß sind mittelalterlichen Ursprungs. Das große rote Gebäude neben der Kirche ist Infozentrum, Eintrittskarten-Verkauf und beherbergt das Kafé Olea *(Öffnungszeiten wie Kirche).*

i *Mai–Aug./Sept. 10–16 Uhr | 100 NOK, Kinder 20 NOK | Heddalsvegen 412 | Notodden | heddalstavkyrkje.no*

**65 km** Fahr zurück nach Notodden, wo du dem Wegweiser zur Rv360 nach rechts Richtung Gvarv folgst. Rechter Hand erblickst du manchmal einen See, dessen Länge du ausfährst, bis du an einem Wegweiser nach Nordagutu links auf eine schmale Straße abbiegst. Bald nach dem Weiler Nordagutu biegst du halblinks auf den Valebøvegen Richtung Skien. Die folgenden gut 30 km geht's über eine schmale Straße durch einsames Waldgebiet. Wenn sich der Wald lichtet, schlägst du einen Haken nach links Richtung Fossum, an der nächsten T-Kreuzung gleich wieder nach rechts. Nach kurzer Geradeausfahrt durch Skien erreichst du dort den Hafen, wo du direkt am Wasser einen ausgeschilderten Stellplatz für Womos findest.

Spot 

**Skien**
Auf Kanälen und Seen zwischen Meer und Telemark ▶ **S. 176**

**51 km** In Skien nimmst du die Fv32 Richtung Porsgrunn. Du fährst du weiter nach Süden, bis du den Wegweiser für die E 18 Richtung Oslo findest. Der E 18 folgst du in östlicher Richtung bis zum Fährort Larvik, wo Speed-Fähren ins dänische Hirtshals ablegen. Du folgst weiter der zur Autobahn ausgebauten E 18 und ab Ausfahrt 42 die Fv305 Richtung Sandefjord. In Sandefjord rollst du geradeaus bis zum Hafen, wo du einen Parkplatz findest.

## Sandefjord

Wikingerhafen, Schwefel-Kurbad und Walfangindustrie – Sandefjord strotzt vor Geschichte im geschützten Fjordhafen. Bei einem kurzen Gang entlang der Strandpromenade wirst du mit dem 1968 beendeten Walfang konfrontiert: Vor dem Scandic Hotel kannst du unter einem Tor aus Blauwalkieferknochen durchgehen. Am Kreisverkehr daneben steht eine Skulptur, die den Walfang vom Beiboot darstellt. Seit 2017 hat Sandefjord einen Harpunier im Wappen. Du kannst dich über die Fanghistorie im Hvalfangsmuseet, dem einzigen Walfangmuseum Europas, informieren *(Museumsgate 39 | Di–So 10–17 Uhr | 100 NOK, Kinder 70 NOK | Zutritt zu Walfang- sowie Wikingerschiff am Museum inbegriffen | hvalfangstmuseet.no)*. Oder möchtest du lieber baden, zumindest sonnenbaden? Dafür umfährst du vom Fährhafen den schlanken Fjord am Ostufer bis nach Asnes *(5 km/12 Min.)*.

**P** *Strandpromenaden, am Skatepark, GPS 59.126337, 10.220593*

**35 km** Fahr zurück bis zur Kreuzung mit der E 18 in Haukerød und biege rechts ab Richtung Oslo/Drammen. An der Ausfahrt 35 verlässt du die E 18 zugunsten der Fv308 Richtung Tønsberg, die du bald nach links Richtung Barkåker verlässt. Kurz darauf folgst du der gleichen Beschilderung nach rechts, bis du an einer T-Kreuzung nach links auf die Rv325 Richtung Horten fährst. Kurz nach dem Ortsschild Horten folgst du dem Schild zur Fv311 Richtung Åsgårdstrand, dessen Bootshafen und Strand du schnell erreichst.

## Åsgårdstrand

Der Ort verströmt südlichen Charme und wirkt besonders magisch am Ex-Sommerhaus des Malers Edvard Munch am Fjord, das heute ein kleines Museum beherbergt *(Edvard Munchsgate 25 | Juni–Aug. 11–*

*16 Uhr | Eintritt und Führung zu Malplätzen 120 NOK, Kinder 90 NOK | vestfoldmuseene.no).*

*An Sommerwochenenden cruisen hier amerikanische Oldtimer zum Strand – wenn du fragst, darfst du bestimmt fotografieren.*

**60 km** Nach Horten und zur Fähre nach Moss sind's nur ein paar Minuten über die Fv325 nach Norden. Von Moss aus nimmst du die E 6 nach Süden bis zur Ausfahrt 9, biegst rechts ab auf die Fv112, überquerst ein Flüsschen und biegst danach nach rechts ab Richtung Veum. Schnell hast du Fredrikstad erreicht.

Spot 19

**Fredrikstad**
Grenzerfahrungen zwischen Oslofjord und Schweden ▶ S. 180

**91 km** Fahr nordwärts zurück nach Moss. Über die E 6 und später die Ausfahrt 22 zur E 18 erreichst du flott Oslo.

Ziel & Spot 20

**Oslo**
Norwegens Hauptstadt auf dem Weg zur Luxusmetropole ▶ S. 184

**RIESENMAUL**

**Diesen Torbogen in Sandefjord bilden echte Walkieferknochen**

# Skien

## Auf Kanälen und Seen zwischen Meer und Telemark

**Der Ort liegt zwar noch 30 km nördlich der See, der Fluss Skienselva wirkt aber wie eine Nabelschnur zu den Handelsrouten des Skagarrak. Die Lage zwischen Meer und waldreicher Telemark-Region verlieh Skien seine Bedeutung – über 500 Jahre Holzhandel sind erst seit Kurzem vorbei. Gut 100 km Kanal- und Seenstrecke reichen weit ins Hinterland. Industriegeschichte, liebliche Natur und Schippern auf dem Telemarkkanal bieten ein ungewöhnliches Stück Norwegen. Und: Nationaldramatiker Henrik Ibsen wurde hier geboren.**

P *Am Stellplatz Skien Hafen unweit der Schiffsanlegestelle Hjellebrygga (s. auch S. 179). GPS 59.203659, 9.613905*

**KANALFAHRT**

**Auf dem Telemarkkanal von See zu See**

## AKTIVITÄTEN & SIGHTSEEING

### 1 Auf dem Telemarkkanal Slow Travel genießen

Ein Tagestrip auf dem schmalen Kanal führt von Skien (ab Schiffsanlegestelle Hjellebrygga) bis ins 105 km entfernte Dalen. Oder du fährst nur einige der 18 Schleusenetappen mit. Von 1895 bis 2006 wurde der Wasserweg fürs Holzflößen genutzt. Heute bietet er beschauliches Lounge-Feeling während Schiffreise über miteinander verbundene Seen. Am Nordende des Kanals liegt das im Schweizer Stil erbaute Hotel Dalen. In dem höchst romantischen Holzbau kannst du für eine klassische Teatime *(tgl. 12–15 Uhr | €€)* einkehren. ***Infos:*** *Mitte Mai–Mitte Aug. tgl. 8–10 Uhr | bis Dalen ab 1250 NOK, Kinder bis 15 J. 250 NOK | 2 Schiffe ab Hjellebrygga | Tel. +47 40 92 00 00 | telemarkcanal.com*

### 2 Im Brekkepark flanieren

Schöner Stadtpark in erhöhter Lage. Das zentrale Gutshaus samt Museum versetzt dich ins frühe 19. Jh., als der Hausherr die Verfassung von 1814 mitschrieb. Drumherum spazierst du durch einen Landschaftsgarten, der im Frühjahr mit einem Meer aus Tulpen verzückt. Zudem schnupperst du in 14 aus der Telemark-Region hierher geschaffte Bauernhäuser rein. Das nostalgische Café *(9–19 Uhr)* bietet eine prächtige Aussicht über Skien. ***Infos:*** *Mai–Aug., Museum: Di–So 9–17 Uhr | 100 NOK, Kinder 40 NOK | Park tgl. frei | Øvregate 41 | Skien | telemarkmuseum.no*

### 3 Um den Hjellevannet kurven

Der Spazier- und Radweg um den See am Stadtrand ist ein Rundweg von insgesamt 5,6 km. Starte am Hafen an der Schiffsanlegestelle Hjellebrygga und laufe oder radle nach Süden Richtung Bakkastranda, dem grünen Picknickplatz Skiens am Wasser. ***Infos:*** *skiensvassdraget.no/turer/turen-rundt-hjellevannet*

### 4 Klettern und Lachse springen sehen

Im **Kletterpark Høyt Og Lavt** im Tal des Flusses Lågan kannst du dich stundenlang austoben. Auf 18 Kletterrouten mehrerer Schwierigkeitsgrade trippelst du über wacklige Stege und schwingst dich an Ziplines durch den Wald. Direkt

## REGENTAG – UND NUN?

### 5 Im Ibsen-Museum Jung-Henrik nachspüren

Hier spielte der Dramatiker (1828–1906) noch mit Puppen. Nachdem der Vater sich finanziell verhoben hatte, zog man 1835 aus Skien ins Sommerhaus vor der Stadt. Das Anwesen liegt in idyllischer Natur. Im Garten kannst du auf einer Kegelbahn von 1830 spielen. ***Infos:*** *20. Mai–Aug. Di–So 11–17 Uhr | 100 NOK, Kinder 40 NOK | Venstøphøgda 74 | Venstøp | telemarkmuseum.no/henrik-ibsen-museum*

nebenan im **Wasserfallpark Kjærra** geht es geruhsamer zu. Entlang der Ufer des Flusses Lågen durchstreifst du altes Lachs-Jagdrevier. Ein Skulpturenpark birgt einen enormen Keramik-Brennofen. ***Anfahrt:*** *Von Skien 30 km/32 Min. nordöstlich auf der Fv32* ***Infos:*** *Høyt Og Lavt Aktivitetspark: Juni–Sept. tgl. ab 10 Uhr | unter 10 J. ab 260 NOK, über 10 J. ab 410 NOK | hoytlavt.no/vestfold | Lågendalsveien 3388; Kjærra Fossepark: Durchgehend geöffnet | Eintritt frei | Lågendalsveien 3392 | kjaerra.no*

Insider-Tipp

**Fangfrischer geht's nicht!**

*Eine Lachsfalle ist im Wasserfallpark donnerstags im Sommer zugänglich – Fischkauf möglich.*

## ESSEN & TRINKEN

### 6 Gamle Skien Restaurant

Elchkopf an der Wand, altes Holzinterieur, feines Lammkarré, leckere Desserts. Die Terrasse mit Hafenblick ist das Sahnehäubchen. Unweit vom Hafen. ***Infos:*** *Mo–Sa | Langbrygga 5A | Skien | Tel. +47 92 21 18 31 | Facebook: Gamleskienrestaurant | €€€*

### 7 Lundetangen Pub

Gemütliche Nachbarschaftskneipe unweit vom Hafen. Viele lokale Biere, Snacks und Akvavit. Mindestens einmal pro Woche spielen kleine Livebands. ***Infos:*** *Tgl. 15–2 Uhr | Telemarksgata 22 | Skien | Facebook: lundetangenpub | €*

**SKIEN BEI NACHT**

**Die Stadt wurde im Jahr 1000 gegründet**

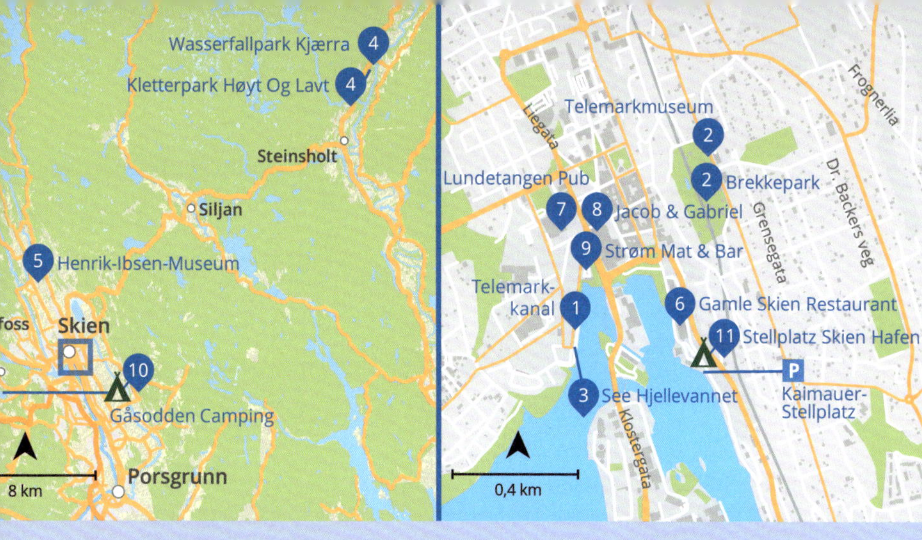


## 8 Jacob & Gabriel

Gehobenere Küche, die natürlich ihren Preis hat (Austern gibt's für umgerechnet ca. 5 € pro Stück). Rogen, Trüffel und Kammmuscheln sind Standard auf der klein gehaltenen Karte. ***Infos:*** *Di–Fr ab 17, Sa ab 12 Uhr | Bruene 1 | Skien | Tel. +47 35 70 72 91 | jacobog gabriel.no | €€€*

## 9 Strøm Mat & Bar

Recht großes modernes Restaurant mit Wintergarten und Terrasse am Hafenbecken. Die Karte ist international und groß, für Kinder gibt's ein eigenes Menü. Günstiger wird der Schmaus, wenn du von 11.30 bis 15 Uhr Take Aways orderst. ***Infos:*** *Tgl. ab mittags | Nedre Hjellegate 11 | Skien | Tel. +47 35 49 90 94 | matogbar.no | €€-€€€*

## STELL- & CAMPINGPLÄTZE

## 10 Baden, angeln, Ruhe genießen

Sehr ruhiger Campingplatz im Grünen an einem im Sommer recht gut temperierten See etwa 9 km/12 Min. westlich der Innenstadt. Man spricht etwas Deutsch und verkauft Angellizenzen.

### Gåsodden Camping

*€€ | Fjærekilvegen | Skien*
*Tel. +47 35 54 50 07 | visittelemark.no/overnatting/gasodden-camping-p500423*
*GPS: 59.189757149538, 9.5415401458740*

- **Größe:** *Ca. 12 Stellplätze, 3 Hütten*
- **Ausstattung:** *Gut ausgestattet, Waschräume etwas alt*

## 11 Kaimauer-Parkplatz in Pub-Nähe – ideal zum Ausgehen

Typischer Hafenstellplatz der Kommune mit Parkuhr. Sehr preiswert. Der Blick übers Wasser ist schön, ein Irish Pub gleich nebenan und der Brekkeparken sowie die Anlegestelle für die Telemark-Schiffe nur ein paar Minuten entfernt.

### Stellplatz Skien Hafen

*€ | Øvre Skotlands Veg | Skien*
*GPS: 59.203659, 9.613905*

- **Größe:** *ca. 10 Stellplätze*

# Fredrikstad
## Grenzerfahrungen zwischen Oslofjord und Schweden

**Der Abstecher in die alte Region Østfold bringt dich ins Grenzland zu Schweden südlich von Oslo. In Fredrikstad und Halden triffst du auf mächtige Grenzbollwerke, die heute friedlich und mit kulturell bereicherndem Leben erfüllt sind. Østfold serviert dir auch kulinarische Leckerbissen im in dieser Hinsicht wenig verwöhnten Norwegen. Ein kenianischer Glasbläser und Steinskulpturen im Nationalpark Ytre Hvaler sind überraschende Fundstücke.**

P *Gästehafen-Stellplatz an der Brücke Værstebroa in der Neustadt, 4 km von der Altstadt entfernt* *(s. S. 183)**. GPS: 59.214229, 10.925174*

**SCHWEDENABWEHR**

**Die Festung Fredriksten hielt die Nachbarn in Schach**

## AKTIVITÄTEN & SIGHTSEEING

### 1 Grenzland-Feeling in der Altstadtfestung Gamlebyen

Der friedliche Charme von Gamlebyen täuscht darüber hinweg, dass die Schweden hier immer wieder angriffen. Weshalb König Frederik II. 1663 am Fluss Glomma eine Festungsstadt mit den Forts Kongsten und Isegran bauen ließ. 1814 mussten die Bewohner dennoch mal die weiße Flagge hissen – ihr Signal war ein Brautkleid! Heute ist Gamlebyen Nordeuropas bestbewahrte Festungsstadt. Das norwegische Militär zog nach 358 Jahren 2002 aus. Im Fredrikstad Museum gehst du der Kulturgeschichte auf den Grund. Flaniere durch die kopfsteingepflasterten Sträßchen mit hübschen Geschäften. ***Infos:*** *Fredrikstad Museum | Di–So, 10–17 Uhr | 90 NOK, Kinder 40 NOK | Tøihusgaten 41 | ostfoldmuseene.no/fredrikstad*

### 2 Ins Vaterlan-Viertel spazieren

Vom Museum schlenderst du südwärts durchs Wallgrün, steigst zum Flussufer herunter und kommst nach 500 m in der Altstadt der Fischer und kleinen Leute an – ein wunderbarer Spaziergang durch die Geschichte.

### 3 Von der Festung Fredriksten bis nach Schweden schauen

Die Fredriksten-Festung in Halden ist Norwegens mächtigstes Grenzbollwerk. Ab 1658 baute König Frederik II. das Fort, an dem sich die Schweden die Zähne ausbissen – König Karl XII. fiel 1718 sogar hier. Der Blick ist so majestätisch, weil Fredriksten auf einem Hügel über dem Hafen von Halden thront. ***Anfahrt:*** *36 km/40 Min. von Fredrikstad über Fv110 und E 6* ***Infos:*** *Tgl. rund um die Uhr geöffnet | Audioguide (Deutsch) 50 NOK, Juli, Aug. Sa/So geführte Touren 90 NOK | Halden | ostfoldmuseene.no*

### 4 Im Skulpturenpark StenKunstHvaler knipsen

Eine Handvoll famoser Steinskulpturen in einem alten Steinbruch direkt am Meer sind den Ausflug zur Insel Kirkeøy mehr als wert. Auf dem Küstenwanderpfad lässt du dir den Kopf freipusten. ***Anfahrt:*** *Von Fredrikstad 29 km/35 Min. über die Fv108.* ***Infos:*** *hvalerkunstforening.no*

### 5 Dem Wasserfall Sarpsborgfossen lauschen

Mitten in Sarpsborg lärmt der Fluss Komma mächtig – 577 m³/s machen die 23 m hohe Felsstufe zum zweit-wasserreichsten Fall Norwegens und sogar Europas. Norwegen-typisch wird er zur Energiegewinnung genutzt. Nach dem Spektakel kannst du nebenan im Garten des bestens erhaltenen Gutshofs Hafslund Hovedgård aus dem 18. Jh. die Ruhe genießen. ***Anfahrt:*** *Von Fredrikstadt 18 km/23 Min. über die Fv110* ***Infos:*** *Garteneintritt frei | Statsminister Torps vei 2 | Sarpsborg | visitnorway.de/listings/hafslund-anwesen/33094*

## ESSEN & TRINKEN

### 6 Curtisen

Kleiner, feiner Gourmettempel in der alten Festung. Küche, Atmosphäre, Service: alles topp und preisgekrönt. Regionale Produkte aus der Østfold-Region sind Trumpf. ***Infos:*** *Juli Di–Sa 18–23 Uhr | An der Festung Frederiksten | Halden | Tel. +47 95 99 81 84 |* curtisen.no | €€€

### 7 Café Magenta

Kuschlig in der Altstadt. Smørbrød, Salate und klassisch in Papier eingeschlagene Fish & Chips. ***Infos:*** *Tgl. | Toldbodgaten 105 | Fredrikstad | Tel. +47 69 32 00 12 | cafemagenta.no |* €€

**Insider-Tipp**

**Livemusik zum Tapasbuffet**

*2–3-mal pro Woche spielen im Café Magenta ab 21 Uhr Singer-Songwriter oder Folkbands.*

### 8 Saint Raw Sushi

Sicher eins der besten japanisch-asiatischen Restaurants Norwegens. Die feinen Mahlzeiten bilden einen schönen Kontrast zum rustikalen Ambiente des alten Hauses. Der Tempurasalat ist ein Gedicht. ***Infos:*** *Di–So | Storgata 8 | Fredrikstad | Tel. +47 47 47 94 17 | saintraw.no |* €€€

## EINKAUFEN

### 9 Glashytta

Abdel Sawe verfiel im heimatlichen Kenia durch einen Finnen der Glasbläserei, kam nach Skandinavien, bildete sich weiter und landete schließlich in Fredrikstad, wo er nun seine eigene Glashütte betreibt. Ein Muss! ***Infos:*** *Di–Sa | Tornesveien 1 | Fredrikstad | visit norway.de/listings/glashütte/33415*

**FESTUNGSSTADT**

**Fredrikstads pittoreskes Viertel Gamlebyen**

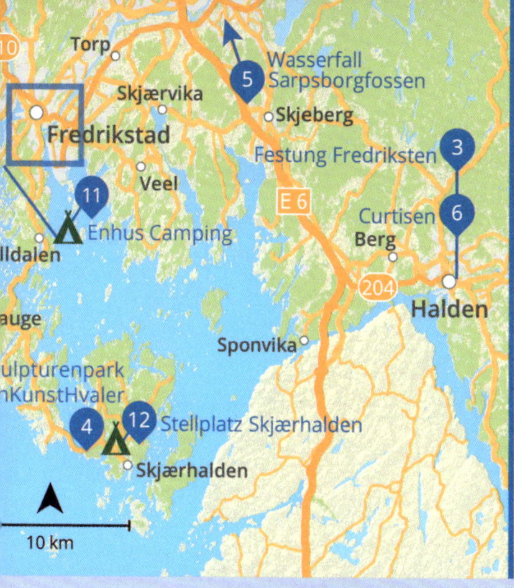


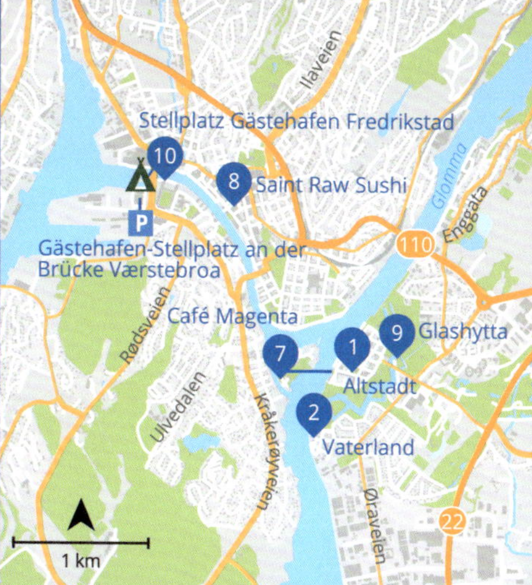


## STELL- & CAMPINGPLÄTZE

### 10 Parken mit Motorjachten

Typischer nüchterner Gästehafen-Stellplatz an der Brücke Værstebroa in der Neustadt, 4 km von der Altstadt entfernt.

**Stellplatz Gästehafen Fredrikstad**

*€€ | 1C Mokka | Fredrikstad*
*GPS: 59.214229, 10.925174*

- **Größe:** *10 Stellplätze*
- **Ausstattung:** *Komplett ausgestattet*

### 11 Felsige Badebucht mit Dauercampern

Landschaftlich schöner Platz an einer felsigen Bucht an Granitküste. Für Dauercamper, aber mit freien Stellplätzen. Etwa 8 km/15 Min. bis zur Altstadt von Fredrikstad. Feste Grillplätze und ein kleiner Kinderspielplatz. Badetemperatur im Sommer nicht ganz 20 °C.

**Enhus Camping** ☺

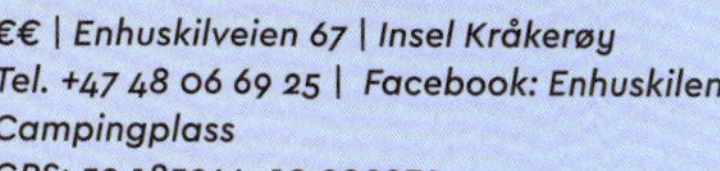

*€€ | Enhuskilveien 67 | Insel Kråkerøy*
*Tel. +47 48 06 69 25 | Facebook: Enhuskilen Campingplass*
*GPS: 59.185944, 10.902234*

- **Größe:** *ca. 15 Stellplätze*
- **Ausstattung:** *Komplett ausgestattet*

### 12 Bauernwiese am Nationalpark

Etwa 30 km südlich von Fredrikstad liegt das Infozentrum des Nationalparks Ytre Hvaler auf der Insel Kirkeøy im Ort Skjærhalden. Nur 1 km entfernt findest du diese anspruchslose Stellwiese auf einem Bauernhof. Wenn du also Fredrikstad besuchen, aber gerne nahe bei den Wander- und Bademöglichkeiten des südlichsten norwegischen Parks kampieren möchtest, bist du in dieser Abgeschiedenheit goldrichtig. Der Ort Skjærhalden ist nur ein paar Minuten entfernt. Bushaltestelle Hvaler Kirke am Stellplatz.

**Stellplatz Skjærhalden**

*€ | Skjærhalden*
*GPS: 59.031966, 11.024011*

- **Größe:** *Ca. 10 Stellplätze*

# Oslo

## Norwegens Hauptstadt auf dem Weg zur Luxusmetropole

**Gestern noch das Aschenputtel unter den nordischen Metropolen, hat Oslo sich inzwischen herausgeputzt und setzt Maßstäbe bei Architektur und Verkehrsplanung. Das Opernhaus und das neue Munch-Museum bilden kulturelle Highlights. Aktiv kannst du die kilometerlange Uferpromenade mit dem E-Scooter erobern. Die aufgereihten Buchten überraschen mit Baukunst kontrastierender Epochen. Ein Ausflug auf die Inseln oder zur Sprungschanze erlaubt tolle Übersichten. Auf Bygdøy begegnest du norwegischen Abenteuerhelden.**

**KULTUR & BADEN**

Das Astrup Fearnley Museum ist eines von Oslos architektonischen Highlights

## AKTIVITÄTEN & SIGHTSEEING

### 1 Auf dem Opernhaus moderne Architektur würdigen

Der Anblick der Oper blendet, wenn Marmor, Glas und Aluminium die Sonne reflektieren. Supercool und elegant ist sie und weil du alle Außenflächen von der Wasserlinie bis aufs Dach begehen darfst, auch ein Beispiel für demokratische Architektur. Dieser stilisierte Eisberg des Architekturbüros Snøhetta war der erste Streich in der Umgestaltung der 12 km langen Hafenfront und überstrahlt lässig neuere Nachbarbauten: das Barcode-Viertel mit zwölf ästethisch gelungenen Hochhäusern, das Munch-Museum (s. u.) und die Deichmann-Bibliothek *(Mo–Fr 8–22, Sa, So 10–18 Uhr | deichman.no)*, ein lichtdurchfluteter City-Treff. ***Infos:*** *Kirsten Flagstads plass 1 | Oslo | operaen.no*

### 2 Dich im neuen Munch-Museum verlaufen

Das Museum besitzt 28 000 Werke des Maler-Titans und ist damit eines der größten nur einem Künstler gewidmeten Museen der Welt. 2021 zog es in einen spektakulären Neubau neben der Oper. Das vom deutschen Architekten Jens Richter entworfene, dem griechischen Buchstaben Lambda nachempfundene Gebäude ist mit seiner Lochblenden-Fassade und der geneigten Gebäudespitze ein echter (wenn auch umstrittener) Blickfang. ***Infos:*** *So–Di 10–18, Mi–Sa 10–21 Uhr | 160 NOK, Kinder Eintritt frei | Bjørvika | munchmuseet.no*

### 3 Am friedvollen Rathaus dem Glockenspiel lauschen

In der Bucht Pipervika regiert das monumentale Rådhuset. Zwei Backsteintürme verströmen Fabrikanmutung. Statuen draußen und Wandgemälde drinnen feiern die Unabhängigkeit. Im riesigen Parterre werden am 10. Dezember die Nobelpreise vergeben. Das 49-teilige Glockenspiel auf dem Dach erklingt 18-mal täglich zur vollen Stunde. ***Infos:*** *Eintritt frei | Fridtjof Nansens plass | Oslo | oslo.kommune.no/oslo-city-hall*

*Von Juni bis August gibt die Glockenspielerin jeden Sonntag um 15 Uhr ein Livekonzert.*

### 4 Kurvige Leiber im Vigelandpark fotografieren

Über 200 naturalistische Skulpturen des Bildhauers Gustav Vigeland symbolisieren den Zyklus des Lebens. Das kommt ohne Abstraktionen oder Ironie aus und erfreut sich großer Beliebtheit. Also: Selfie-Time vor prallem Leben! ***Infos:*** *Zugang und Eintritt frei | Eingang Kirkeveien | Oslo | vigeland.museum.no*

### 5 Im Ekebergpark über Skulpturen staunen

Ein ausgedehnter, steiler Spaziergang führt zum bewaldeten Hügelpark über der City mit vielen Skulpturen von Louise Bourgeois, James Turrell, Damien Hirst u. v. a. ***Infos:*** *Zugang und Eintritt frei | ekebergparken.com*

## 6 In Tjuvholmen neuer Kunst und Architektur begegnen

Flaniere im ultraschicken Viertel Tjuvholmen voller Galerien, Kunstinstallationen und Cafés an der Uferpromenade. An einem aufgeschütteten Strand kannst du sogar baden gehen. Herzstück des Viertels ist das von Renzo Piano entworfene Astrup Fearnley Museum mit zeitgenössischer Kunst. Der Bau wirkt herrlich fragil, der Skulpturenpark drumherum spektakulär protzig. ***Infos:*** *Di–So 12–17 Uhr | 150 NOK, Kinder Eintritt frei | Strandpromenaden 2 | Oslo | afmuseet.no*

## 7 In den Mauern von Akershus promenieren

Die mittelalterliche Dominante an der Küstenpromenade war im 14. Jh. Festung, ab dem 17. Jh. königliches Schloss. Die Festungsanlage ist ein toller Sonnenspot mit Blick auf Rathaus und postindustrieller Ausgehmeile Aker Brygge auf der gegenüberliegenden Seite der Bucht Pipervika. ***Infos:*** *Mai–Sept. tgl. 6–21 Uhr, Schloss mit royalem Mausoleum: Mai–Aug. tgl. 10–16, So ab 12 Uhr | Eintritt frei, Schloss mit royalem Mausoleum: 100 NOK, Kinder 40 NOK | Grev Wedels plass 5 | Oslo | akershusfestning.no*

## 8 Alles übers Skifieber lernen

Wie eine schwebende Kufe ragt die **Holmenkollenschanze** himmelwärts. Entworfen hat sie der Architekt Julian de Smedt, der gegen die Seitenwinde des 529 m hohen Hausbergs Holmenkollen filigrane Spoiler ersann. Die nordische Seele erforschst du im **Skimuseum.** ***Anfahrt:*** *Holmenkollenbahn ab Bahnhof Majorstuen* ***Infos:*** *Skimuseum: Juni–Aug. tgl. 9–20, Mai, Sept. 10–17 Uhr, sonst kürzer | 160 NOK, Kinder 80 NOK | Kongeveien 5 | Oslo | skiforeningen.no/en/holmenkollen/skimuseet*

## 9 Auf den Sommerhausinseln im Fjord den Tag verbummeln

Von sieben grünen Fjordinseln betrachtet, wirkt Oslos Skyline sooo romantisch. Im Sommer spült es die Hauptstädter mit Fähren auf die Sommerhausinseln –

### REGENTAG – UND NUN?

## 10 Die Museumshalbinsel Bygdøy entdecken

Ein Hafen für Entdecker. Im Frammuseum *(tgl. 10–17 Uhr | frammuseum.no)* findest du Fritjof Nansens Dreimaster Fram, mit dem der Polarforscher die Drift des Packeises bewies. Im Kon-Tiki-Museum *(tgl. 10–17 Uhr | kon-tiki.no)* sind Thor Heyerdahls fragile Boote „Kon-Tiki", „Ra II" und „Tigris", mit denen er wärmere Meere befuhr, ausgestellt. Im Norsk Maritimt Museum *(Mai–Sept. tgl. 10–17, sonst 11–16 Uhr | marmuseum.no)* ist Roald Amundsends Jacht „Gjøa" vertäut. Das Wikingermuseum ist 2024/5 geschlossen und eröffnet 2026 neu. ***Infos:*** *Jeweils 140 NOK, Kinder frei | alle Museen liegen nah beieinander*

reih dich ein und genieße insbesondere **Gressholmen**. Badesachen mitnehmen. ***Infos:*** *Ganzjährig tgl. | Fähren von Aker Brygge | visitoslo.com/de/produkt/?TLp=163651*

## ESSEN & TRINKEN

### 11 Karlsborg Spiseforretning

In der großen Villa aus dem Jahr 1863 werden kreative Menüs mit edlen Zutaten serviert. Wer weniger ausgeben will, kehrt nur zum Kaffee (oder Tee) ein. Traumhafter City-Blick vom Balkon! ***Infos:*** *Mi–Sa 11–17 Uhr | Kongsveien 21 | Oslo | Tel. +47 22 01 90 50 | karlsborgspiseforretning.no | €€*

Insider-Tipp

**Tea time mit Ausblick**

*Beim Afternoon Tea genießt du samstags Oslos old chic für 350 NOK – reservieren!*

### 12 Frognerseteren

Hoch auf dem Berg Holmenkollen (hin mit der Straßenbahn) regiert Tradition. Geräumiges Alm-Restaurant im Drachenstil, alles aus Holz (auch im Kamin), dazu ein Schweizer Chef, der die alten Rezepte Norwegens hochhält. Alle kommen her, auch Skistars und Royals. ***Infos:*** *Holmenkollveien 200 | Oslo |Tel. +47 22 92 40 40 | frognerseteren.no | €€€*

### 13 Svanen

Teuer ausgehen und den Cocktail deshalb in Mini-Schlücken süffeln. Dabei genießt du neoklassizistisches Apotheken-Interieur aus dem 19. Jh. und netten Service. Cool old school. ***Infos:*** *Tgl. | Karl Johans gate 13 | Oslo | Tel. +47 98 43 86 13 | svanenoslo.no | €€-€€€*

### 14 Oslo Streetfood

Streetfood in einer Markthalle mit vier Bars und 16 Food-Ständen, an de-

**SOMMERINSELFRISCHE**

**Der Blick von Gressholmen aufs Rathaus**

nen es Gerichte aus aller Welt gibt. ***Infos:*** *Tgl. | Torggata 16 | Oslo | Tel. +47 22 04 00 44 | oslo-streetfood.no | €-€€*

## EINKAUFEN

### 15 Karl Johans gate

Ein Schaufensterbummel beginnt auf der Hauptachse der City, der Karl Johans gate. Geschäfte mit hochpreisigen internationalen Marken links und rechts, das Königliche Schloss immer als Ziel. Die Querstraßen Nedre Slottsgate und Øvre Slottsgate sind verboten teuer. Kleine bezahlbare Mitbringsel in nordischem Design findest du im Einrichtungshaus Norway Designs *(Lille Grensen 7)*.

### 16 Majorstuen

Der noble Westend-Bezirk beginnt gleich nordwestlich vom Schloss und endet mit dem riesigen Frognerpark. Betuchte Anwohner heißt tolle Secondhandläden. Schau mal im Kirkeveien bei Fretex sowie Utopia *(Nr. 62, 72)* rein. Und stöbere im Pur Norsk *(Industrigata 36)* nach Design-Objekten.

## AUSGEHEN

### 17 Grønland

Ein Bier trinken in Oslos Vielvölkerbezirk. Du steigst aus der U-Bahn und glaubst, in Damaskus, Istanbul oder Neu-Delhi angekommen zu sein. Curry-Häuser, Bars und Tanzclubs und die Mehrzweckhalle Spektrum mit Live-Acts. Gemütlich ist das Asylet, ein 300 Jahre alter Hof, früher Kinderasyl, heute geräumiges Gasthaus mit Biergarten. ***Infos:*** *Asylet: Grønland 28 | Oslo | asylet.no | €-€€ | T-Banen Linie 3*

**GUTEN MORGEN, OSLO**

**Ekeberg Camping: der schönste Campingplatz der Hauptstadt**

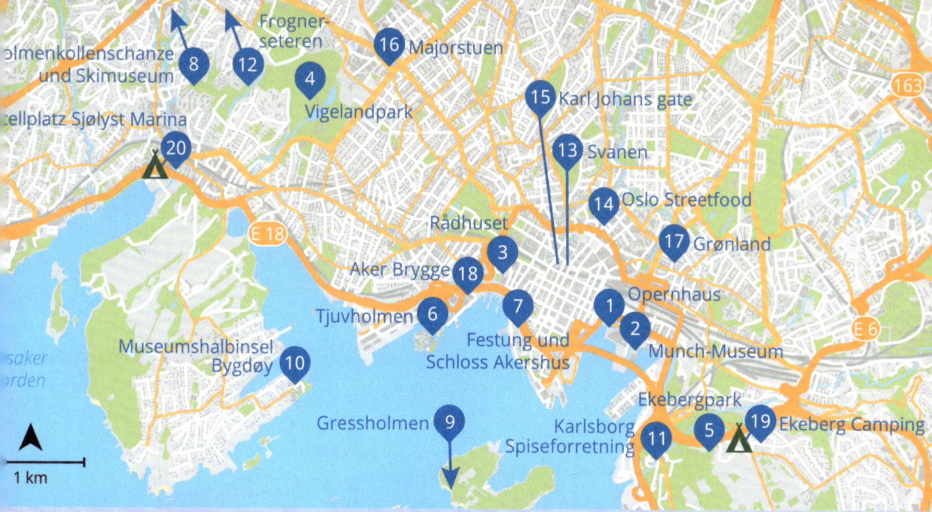


## 18 Aker Brygge

In der Bucht Pipervika liegt das zum Ausgehviertel par excellence umgebaute Ex-Werftgebiet. Oslos abendlicher Hauptanziehungspunkt hat über 100 Cafés, Clubs und Restaurants. Lekter'n ist der klassische Tipp für ein Glas Wein al fresco direkt am Wasser. ***Infos:*** *Lekter'n: tgl. | Stranden 3 | Oslo | lektern.no | €€*

## STELL- & CAMPINGPLÄTZE

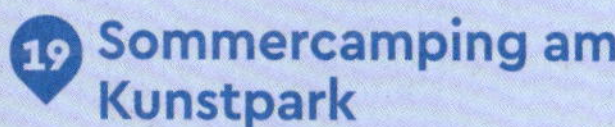

### 19 Sommercamping am Kunstpark

Der Campingplatz ist teuer, aber dafür auch der Platz an der Sonne. Auf einem grünen Hügel gegenüber der City gelegen (8 Busminuten in die Stadt), wirkt er eher ländlich als städtisch. Dazu kommt der ausgedehnte Skulpturenpark, der frühmorgens zu kulturellen Wanderungen und nach dem Frühstück zum längeren Spaziergang hinunter in die Stadt einlädt. Laden und Restaurant Ekeberg Landhandleri am Campingplatz-Eingang.

#### Ekeberg Camping

*€€€ | Ekebergveien 65 | Oslo*
*Tel. +47 22 19 85 68 | ekebergcamping.no*
*GPS: 59.898361, 10.773242*

- **Größe:** *295 parzellierte Stellplätze*
- **Ausstattung:** *Komplett ausgestattet*

### 20 Teurer Parkplatz nahe der Schiffsmuseen

Der einzige reine Stellplatz für Wohnmobile liegt am Sjølyst Bootshafen an der Westseite von Bygdøy. Von der Museumshalbinsel radelst du in gut 15 Minuten am Ufer entlang zur City. Man steht nebeneinander auf Asphalt. Einige Läden in der Nähe. Rund 100 NOK teurer als der Ekeberg Campingplatz.

#### Stellplatz Sjølyst Marina

*€€€ | Drammensveien 164 | Oslo*
*Tel. +47 45 86 96 04 | bobilparkering.no*
*GPS: 59.920206, 10.675339*

- **Größe:** *40 Stellplätze*
- **Ausstattung:** *Komplett ausgestattet*

# Planen – Packen – Losfahren

# Anreise

**Entspannt und landschaftlich spektakulär oder aber im Sprint – es gibt drei Fährreise-Optionen nach Südnorwegen (die dänisch-schwedische Überlandroute von Fehmarn über Kopenhagen und Göteborg empfiehlt sich nur für Reisende, die nach Nordnorwegen wollen). Von Kiel nach Oslo verwöhnst du dich mit Kreuzfahrt-Aura über Nacht. Ähnlich maritim und lang ist die Reise vom dänischen Hirtshals nach Stavanger oder Bergen. Dabei umgehst du den tiefen Süden Norwegens – etwa weil während der Sommerferien norwegische Womo-Fahrer für mehr Verkehr sorgen. Eine Sprintanreise bietet der Katamarantrip von Hirtshals nach Kristiansand oder Larvik.**

## STRECKENCHECK

| |  |  |  |
|---|---|---|---|
| 1 | **Kiel**<br>**Oslo** | **Fahrzeit Fähre**<br>20 Std. | **Kosten**<br>ab 499 € für Womos bis 4,99 m/1,99 m inkl. Innenkabine für 2 Pers. |
|  | **Flensburg**<br>**Hirtshals**<br>**Kristiansand/**<br>**Larvik** | **Flensburg–Hirtshals**<br>361 km (3 Std. 40 Min.)<br>**Fahrzeit Fähre nach Kristiansand**<br>2 Std. 25 Min.<br>**Fahrzeit Fähre Larvik**<br>3 Std. 55 Min. | **Kosten**<br>ab 170 € für Womo bis 6 m/2,35 m, 2 Pers. |
|  | **Flensburg**<br>**Hirtshals**<br>**Stavanger/**<br>**Bergen** | **Flensburg–Hirtshals**<br>361 km (3 Std. 40 Min.)<br>**Fahrzeit Fähre nach Stavanger**<br>10 Std. 30 Min.<br>**Fahrzeit Fähre Bergen**<br>16 Std. 30 Min. | **Kosten**<br>ab 545 € für Womos bis 4,99 m/1,99 m inkl. Kabine mit Meerblick für 2 Pers. |

Lillehammer
Bergen
Norge
Oslo
Drammen
Karlstad
Hausgesund
Fredrikstad
Larvik
Stavanger
Vänern
2
Sverige
Kristiansand
Skagerrak
3
2
Hirtshals
Göteborg
North Sea
Aalborg
1
Halmstad
Aarhus
Helsingborg
Danmark
København
Malmö
Odense
Flensburg
Kiel
Rostock
Lübeck
Hamburg
00 km
NLD
Deutschland

## KIEL OSLO

Die einzig mögliche Direktanreise von Deutschland nach Südnorwegen mit der Color Line von Kiel nach Oslo bietet Kreuzfahrt-Ambiente. Die Palette der Restaurants reicht vom sehr guten Self-Service-Buffet bis zum ausgezeichneten À-la-carte-Restaurant (Letzteres findest du am verglasten Schiffsheck). Auch das Frühstück kannst du in aller Ruhe einnehmen und dann die langsame Fahrt durch den 118 km langen Oslofjord genießen. Man sticht um 14 Uhr in See und erreicht am nächsten Tag pünktlich um 10 Uhr den Hafen von Oslo.

**Insider-Tipp**
**Den Wecker stellen!**

*Highlights der Passage sind die Durchfahrt unter der Große-Belt-Brücke um 18.25 Uhr und die Fahrt durch den Oslofjord ab 6.30 Uhr.*

Ab Oslo kannst du Tour G (entgegengesetzt) fahren. Oder du fährst 320 km/knapp 4 Stunden nach Kristiansand zur Tour A.

**Anreise zum Hafen:** Um möglichst stressfrei zu boarden, reihe dich schon um 12 Uhr am Norwegenkai ein. Wenn du online direkt bei Color Line oder über ein Reisebüro gebucht hast, musst du das Terminal nicht betreten. Kurz vor Erreichen des Kieler Hafens solltest du volltanken, denn Diesel kostet in Norwegen ab 10 Prozent mehr. Plane für die 900-km-Anreise von München 10–12 Stunden ein, von Frankfurt 6–7 Stunden für rund 600 km, vom Ruhrgebiet gut 5 Stunden für 450 km und von Hamburg 1,5 Stunden für rund 100 km. Wer schon am Vortag einreisen will, kann auf dem Campingplatz Kiel-Falckenstein übernachten, der 20 Autominuten (14 km) vom Hafen entfernt liegt.

**Campingplatz Falckenstein:** € | *Palisadenweg 171 | Kiel | Tel. +49 431 39 20 78 | campingkiel.de | komplett ausgestattet | GPS 54.412011, 10.183841*
**Infos Color Line (Buchung, Stornierung):** *Tel. +49 431 73 00-100 | colorline.de*

## FLENSBURG HIRTSHALS KRISTIANSAND/LARVIK

Wesentlich kürzer ist die Anreise auf schnellen Katamaranfähren vom norddänischen Hafen Hirtshals ins südnorwegische Kristiansand. Für die Fahrt durch Jütland rechnet man 4 Stunden ein. Ford Line (nach Kristiansand) und Color Line (nach Larvik) bieten insgesamt bis zu drei Dutzend Überfahrten in der Woche an. Fjordline FSTR fährt zwischen März und Oktober und ist mit einer Katamaran-Fahrtzeit von 25 Minuten der schnellste Weg nach Norwegen. Die wöchentlich über zwei Dutzend Verbindungen von Color Line ab Hirtshals ins weiter östlich an der Südküste gelegene Larvik dauern knapp 4 Stunden. Zwischen beiden Fährhäfen an der Südküste liegen 2,5 Stunden Womo-Fahrt.

In Kristiansand (etwa 320 km von Oslo) beginnt Tour A. Larvik (etwa 130 km von Oslo) wird von Tour G berührt.

Du solltest dich 2 Stunden vor Abfahrt am Pier einfinden. Wenn du vor der Überfahrt pausieren möchtest, bieten sich zwei Campingplätze an: Hirtshals Camping liegt keine 4 km von den beiden Fährkais entfernt, von Tornby Strand Camping sind es 8 km.

**Hirtshals Camping:** €€ | *Kystvejen 6 | Hirtshals | Tel. +45 98 94 25 35 | hirtshals-camping.de | komplett ausgestattet | GPS 57.586440, 9.945502*
**Tornby Strand Camping:** €€ | *Strandvejen 13 | Hirtshals | Tel. +45 98 97 78 77 | tornbystrandcamping.dk | komplett ausgestattet | GPS 57.554751, 9.932749*
**Infos Fjord Line (Buchung, Stornierung):** *Tel. +47 51 46 40 99 | fjordline.com*
**Infos Color Line** s. o.

## 3 FLENSBURG HIRTSHALS STAVANGER/BERGEN

Mit Fjord Line kannst du von Hirtshals auch über Stavanger bis nach Bergen fahren. Es gibt sieben Abfahrten pro Woche für die 16 Stunden 30 Minuten dauernde Kreuzfahrt entlang der norwegischen Küste. Jeweils um 20 Uhr heißt es Leinen los in Hirtshals, dann frühmorgens um 7 Uhr vom Zwischenstopp Stavanger. Bergen wird um die Mittagszeit erreicht. Ankunft in Hirtshals auf der Rückreise ist frühmorgens. Auf der Fahrt zwischen Stavanger und Bergen kurvt die Fähre durch etliche enge Durchfahrten und bietet wunderbare Blicke auf eine spärlich bewohnte, aber spektakuläre felsige Küste. An Bord gibt es ein reichhaltiges Buffet sowie ein gutes Restaurant. In Bergen kannst du Tour D oder Tour B (entgegengesetzt) starten. **Infos:** siehe Strecke 2.

**VON DÄNEMARK AUS**

**Die Fjord Line setzt nach Kristiansand über**

# Adventure Kids

Experten-Check von PaulCamper

## Coole Spiele für lange Fahrten

### Ich packe meinen Koffer

Der Erste startet mit dem Satz „Ich packe meinen Koffer und nehme mit ..." und nennt einen Gegenstand. Reihum fügt ihr nun immer eine weitere Sache hinzu, müsst aber immer alle anderen bisher genannten Dinge davor aufzählen. Wer sich irrt, scheidet aus. Wie viele Dinge schafft ihr, in euren Koffer zu packen?

### Wort an Wort

Ein Mitspieler beginnt, indem er ein Wort nennt. Legt euch dabei auf eine Kategorie fest: Tiere, Berufe oder Orte. Wenn ihr euch auf Tiere einigt, könnt ihr zum Beispiel mit „Elefant" anfangen. Der nächste Spieler muss dann ein Tier mit dem letzten Buchstaben dieses Worts nennen, hier mit t, zum Beispiel „Tiger". Ihr könnt es noch ein bisschen schwieriger machen, indem ihr zusammengesetzte Wörter nutzt. Zum Beispiel „Bauherr" – „Herrenhaus" – „Haustür" und so weiter. Wem nichts mehr einfällt, scheidet aus.

### Norwegische Geschichten erfinden

Erfindet gemeinsam eine Abenteuergeschichte (oder auch ganz viele)! Einer von euch denkt sich den Beginn der Geschichte aus. Der Nächste knüpft dann dort an, wo der Erste aufhört, und erzählt weiter. Solange, bis ihr zu Ende erzählt habt. So geht es los: Es war einmal ein Seefahrer, der hatte einen schwarzen Bart und ein Holzbein ...

# Entdeckungsreise Südnorwegen

**Welchen Tieren bist du im Urlaub bereits begegnet?**

- ○ Elch
- ○ Möwe
- ○ Weißschwanz-Adler
- ○ Rotfuchs
- ○ Seehund
- ○ Wal

**Das Norwegen-Quiz**

1. Weißt du, wie das uralte indigene Volk im Norden von Norwegen heißt?

______________________________

Die Samen (Sámi)

2. Mit welchem Zeichen sind die Wanderwege in Norwegen markiert?

______________________________

Mit einem auf Steine & Bäume gemalten roten „T"

3. Norwegen umgeben gleich drei Meere. Welche sind das?

______________________________

Nordsee, das europäische Nordmeer & das Nordpolarmeer

4. Die majestätischen Meeresarme Norwegens heißen „Fjorde". Wer hat dieses Wort erfunden?

______________________________

Das waren die Wikinger

**An Norwegens Küste ziehen viele Wal- und Delfinarten durchs Meer – zum Beispiel Orcas, Schweinswale, Pottwale und Buckelwale. Zeichne deinen eigenen bunten Wal!**

# Gut zu wissen

## Ärztliche Versorgung, Gesundheit & Notrufe

Die Vorlage der Europäischen Krankenversicherungskarte (EHIC) genügt, um sich bei Unfall oder akuter Erkrankung medizinisch behandeln zu lassen – ambulant oder stationär. Bei Krankheit suchst du auf der Webseite deines Aufenthaltsorts den ärztlichen Notdienst (*legevakt*). Es wird eine Praxisgebühr von etwa 15 € (bei Fachärzten 25 €) erhoben. Medikamente müssen selbst bezahlt werden (eventuell erstattet deine Krankenkasse nachher einige Kosten). Die zentrale Notfallnummer für den lokalen Notarzt (116 117) gilt landesweit rund um die Uhr. Sonstige Notfallnummern: Polizei 113, Feuerwehr 110, Ambulanz 113. Alle Nummern sind ohne Vorwahl, wenn du dich in einem norwegischen Netz befindest.

## Baden

Klassische Sandstrand-Szenarien mit Dünen gibt es in Norwegen fast nur an der Jæren-Küste südlich von Stavanger. Die Südküste und der Oslofjord haben hingegen felsige Badebuchten. An schönen Augusttagen erwärmt sich im Süden die Nordsee auf etwa 20 °C. Dagegen ist ein Bad im Fjord oder tiefen Seen ziemlich „erfrischend". **Infos:** *visitnorway.de/aktivitaten/familienspass/strande*

## Diplomatische Vertretungen

**Deutsche Botschaft:** Oscars gate 45 | Oslo | Tel. +47 23 27 54 00 | Notfallnummer +47 90 85 08 02 | *oslo.diplo.de*
**Österreichische Botschaft:** Thomas Heftyes Gate 21 | 0264 Oslo | Tel. +47 22 54 02 00 | *bmeia.gv.at/oeb-oslo*
**Schweizerische Botschaft:** Oscars gate 29 | Oslo | Tel. +47 22 54 23 90 | *eda.admin.ch/oslo*

## Einreisebestimmungen & Zoll

Zur Einreise brauchst du den Reisepass. Wenn dir alkoholische Getränke wichtig sind, musst du in Norwegen teuer einkaufen, denn einführen darfst du nur 1 Liter Spirituosen (22–60 Prozent), 1,5 Liter Wein und 2 Liter Bier. Für Rauchwaren gilt: 200 Zigaretten oder 250 Rauchtabakwaren sowie 200 Blatt Zigarettenpapier. Die gesamte Freimenge für Tabakwaren kann ebenso wie zusätzlich die für Spirituosen in 1,5 Liter Wein bzw. Bier, Alcopops oder Cidre umgewandelt werden. Auch die Kombination von 5 Liter Bier plus die Rauchwarenfreimenge ist gestattet. Bier, Wein oder Tabak dürfen nur von Personen über 18 Jahren eingeführt werden. Alkoholika mit über 22 Prozent Alkoholgehalt dürfen nur von Personen über 20 Jahren eingeführt werden. Zusätzlich zur Freimenge dürfen bis zu 27 Liter Bier oder Wein, 4 Liter Spirituosen, 400 Zigaretten und 500

Gramm Tabak für den Eigenbedarf verzollt eingeführt werden. Diese Waren kannst du entweder vorab über die App „Kvote Appen" oder an einem Verzollungsautomaten verzollen. Weitere Mitnahme muss versteuert werden. Zollfrei darfst du 10 kg Fleisch und Fleischwaren, Käse und Tierfutter mitbringen. Dazu kannst du 10 kg Obst, Beeren und Gemüse einführen, allerdings keine Kartoffeln (Schalen könnten Erreger importieren). Tiernahrung unterliegt keiner Beschränkung. ***Infos:*** *toll.no/en/l/languages/de/norwegische-zollbestimmungen*

## Fahrradmitnahme

Wenn du einen Fahrradträger am Heck installiert hast, musst du das bei der Berechnung der Fahrzeuglänge miteinkalkulieren. Lohnenswert ist auch die Mitnahme von Falträdern, da sie gut im Womo zu verstauen sind und insbesondere bei Stadtbesuchen den Radius unkompliziert erhöhen. ***Infos:*** *visitnorway.de/aktivitaten/freie-natur/radfahren/radtouren*

## Fähren

Die meisten Fahrpläne für die Fähren in Südnorwegen findest du unter: *fjord1.no, norled.no, kystriksveien.no/planlegg-reisen/transport/ferjeruter-langs-kystriksveien*. Für Fährkreuzfahrten auf Sognefjord, Geirangerfjord und Nærøyfjord: *thefjords.no*. Viele Fährfahrten dauern nur rund 30 Minuten und du reihst dich am Anleger einfach in die Warteschlange am Kai ein – Reservierung unnötig. Immer gibt es eine Toilette an Bord, oft auch ein Café. Die Kombi der nach Prepaid-System funktio-

### WAS KOSTET WIE VIEL?

**1 Tasse Kaffee** 3,50 €

**1 Dose Cola** 3 €

**Diesel pro Liter** 1,25–1,50 €

**Fischsuppe** ab 16 €

**Pizza** ab 15 €

**0,5 l Bier** ab 9,50 €

**Eintritt Museum** ab 15 €

**Kajakmiete 3 Std.** ab 45 €

nierenden *Ferjekort* (gut 14 Tage vorher online bestellen) plus einem zugeschickten Windschutzscheiben-Transponder (AutoPass, AutoPass, ØresundBizz) sichert dir auf 90 Prozent der Fähren 50 Prozent Rabatt zu – abgebucht von der Ferjekort. Die Karte kostet einmalig ca. 65 €, Restguthaben werden erstattet. ***Infos:*** *autopassferje.no (s. auch „Maut").*

## Gas, Strom & Wasser

Campingplätze haben für die meisten Womo-Stellplätze Mehrfachsteckdosen, für deren Erreichen du allerdings oft das Verlängerungskabel einsetzen musst. Die Entsorgung von Brauchwasser und Toiletten ist kein Problem. Auf ausgewiesenen Stellplätzen (*bobilparkering*) – meist asphaltiert, aber ohne Camping Infrastruktur – kann es Stromanschlüsse und einen Wasserhahn geben, besonders an Häfen.

## Geld

Barzahlung ist fast nie ein Option in Norwegen. Das Bezahlen mit der EC-Karte ist die günstigste und gängigste Zahlungsart, selbst bei kleinsten Beträgen. Als Backup solltest du eine Kreditkarte zu Hand haben. Eine kleine Gebühr fällt bei deiner Bank nur für die Währungsumrechnung an. Unnötige Geldabhebungen am Automaten bezahlst du mit einem schlechterem Kurs und Gebühr deiner Bank.

## Hunde

Norwegen ist hundefreundlich. Verlangt werden der EU-Heimtierausweis, eine Tollwutimpfung (mindestens 21 Tage vor der Einreise), der Mikrochip zur Identifizierung, eine Wurmkur gegen Fuchsbandwurm 24 bis 120 Stunden vor der Einreise (Tierausweis-Vermerk). Empfohlen werden Impfungen gegen Staupe, Leptospirose sowie eine Behandlung gegen Ektoparasiten. Manche Hunderassen dürfen nicht einreisen, z. B. Pitbull-Terrier, Amerikanischer Staffordshire Terrier. ***Infos:*** *mattilsynet.no/en*

## Maut

Im Gegensatz zu anderen nordischen Ländern gibt es in Norwegen viele mautpflichtige Straßen und über 300 Mauststellen *(bomstasjoner)*, die das Befahren kostenpflichtiger Streckenstücke automatisiert erfassen. Schilder weisen dich meist kurz vor der Registrierung auf die Kosten hin.
Es ist sehr sinnvoll, sich vorab online bei Autopass, dem System zur elektronischen Zahlung von Mautgebühren der

DURCH DIE BERGE

Einer von über 900 Tunneln

Norwegischen Straßenverkehrsbehörde Statens Vegvesen, anzumelden *(auto pass.no)*. Im Verlauf der Anmeldung, die du etwa sechs Wochen vor Fahrtbeginn angehen solltest, schließt du einen Vertrag mit einer von fünf örtlichen Mautgesellschaften ab. Bestell einen kleinen Transponder, respektive Funksendender (Erhalt nach 1–3 Wochen per Post) und klebe diesen innen an die Windschutzscheibe. Mit der Anmeldung für den Funkchip legst du ein Konto bei einer Mautgesellschaft an und zahlst ein Guthaben ein. Solltest du mit einem Mietfahrzeug einreisen wollen, aber dessen Registrierung noch nicht kennen, trägst du zunächst ein anderes Kennzeichen ein, um das unmittelbar vor Reiseantritt in deinem Online-Konto zu ändern. In diesem kannst du auch Abbuchungen nachvollziehen. Jetzt bist du rundum sorglos ausgerüstet, erhält an den Mautstationen 20 Prozent Rabatt und fährst sogar mit einem Womo über 3,5 Tonnen zum Preis eines leichteren Fahrzeugs. Die 3,5-Tonnen-Marke regelt die Einteilung in zwei Tarifgruppen. Nach Ende der Reise kündigst du mit einer Mail auf Englisch deinen Vertrag und schließt das Konto für das Fahrzeug. Über AutoPass kannst du übrigens auch gleich einen Vertrag über die Rabattierung von Fährkosten abschließen *(ferjekort*, s. „Fähren").

Auf der Website von Statens Vegvesen *(vegvesen.no)* findest du einen Überblick über Mautstellen und Fähren. Auch über aktuelle Straßensperrungen! Auf privaten Straßen wird die Maut meist am Schlagbaum per Kreditkarte entrichtet. In Bergen, Oslo und Kristiansand durchfährst du mit dem Chip auch Umweltzonen günstig, weil dein Chip-Aussteller die relevanten Daten der Straßenbehörde übermittelt. Aktuelle Maut- und Fährenkosten mit und ohne Ferjekort findest du unter *bompengekalkulator.no*. Wer ohne diese Erfassung per Transponder (über 3,5 Tonnen nicht möglich) Norwegen bereist, bekommt über die Erfassung des Kennzeichens eine Rechnung per Post. Ausführliche aktuelle Tipps zur norwegischen Maut gibt's hier: *nordlandblog.de/maut-norwegen-skandinavien-autopass-epc-brobizz-ferjekort-bropas*

## Öffnungszeiten

In Städten und größeren Orten sind die meisten Geschäfte Montag bis Samstag von 10 bis 17 Uhr geöffnet. Außer einigen Lebensmittel- und Souvenirläden sind die meisten Geschäfte sonntags geschlossen. Tankstellen können sogar 24 Stunden geöffnet haben und bieten Backwaren, Kaffee und den typischen Hotdog *pølse*.

## Parken, Abstellen & Wildcampen

Falsches und nicht bezahltes Parken wird empfindlich geahndet. In vielen Orten gibt es ausgeschilderte gesonderte Womo-Parkplätze (*bobilparkering*). Oft kannst du hier auch übernachten und zahlst 100–200 NOK an Parkautomaten. Wildcampen in freier Natur ist kein Problem, solange es kein Verbotsschild gibt. Aber bitte kein Grauwasser ablassen oder die Toilette entsorgen. Manchmal bittet man dich, kein Camping-typisches Verhalten zu zeigen – dann lass Stühle, Tisch und Grill im Womo.

## REISEZEIT, WETTER & STRASSENVERHÄLTNISSE

Kernreisezeit ist von Juni bis September, mit einer Standheizung kannst du Südnorwegen aber komfortabel zwischen Mai und Oktober bereisen. Bei blauem Himmel erreichen die Temperaturen im Hochsommer auf Meereshöhe 25–28 °C. Hochgelegene Straßen wie etwa Sognefjellet, Aursjøvegen oder Aurlandsfjellet sowie die Zufahrten nach Geiranger werden manchmal erst Mitte/Ende Juni freigegeben. Umgekehrt kann manche Strecke schon ab Mitte September gesperrt werden. Brückenfahrten sind häufig vom Wind beeinflusst – oft wird die Windgeschwindigkeit in m/s digital angezeigt. Wenn du dich vorab über Hochlandwetter und Straßenverhältnisse informieren möchtest, empfehlen sich der Wetterbericht (*yr.no*) und die Website der Straßenbaubehörde (*vegvesen.no*).

## Tempolimits & Verkehrsregeln

Durch Ortschaften darf man mit 30 oder 50 km/h fahren – achte bitte auf die in Norwegen recht steilen Temposchwellen, besonders in der Nähe von Schulen oder Kindergärten. Außerhalb von Ansiedlungen liegt die Höchstgeschwindigkeit bei 60 (bei engen Kurven), 70 oder 80 km/h, in Ausnahmefällen bei 90 km/h. Auf Autobahnen sind 110 km/h erlaubt. Du solltest dich exakt an die Vorschriften halten, denn schon 5 km/h Überschreitung kosten etwa 75 Euro Strafe. Strafmandate können dir auch noch viele Monate nach der Reise ins Haus flattern. Ein blaues Schild mit Kamerasymbol warnt dich vor Kamerafallen. Hinter einem doppelten Kamerasymbol und einem extra Warnschild auf vielbefahrenen Abschnitten wird deine Geschwindigkeit auf einer Strecke von 2–5 km gemessen. Die Verkehrsregeln sind im Allgemeinen so wie in Deutschland.

## Wohnmobilvermietung

Wer mieten will, wird das aus Preisgründen kaum in Norwegen tun. Der angesagte deutsche Womo-Verleih Roadsurfer hat sich mit zurzeit 19 Stationen in Deutschland, dazu Zürich, Graz und Wien, zum Branchenprimus gemausert. Ab 2024 vermietet das Unternehmen auch ab Bergen und Oslo. Geboten werden ein Guter Rundum-Service und Fahrzeuge mit praktischer Ausstattung. T6.1-Modelle von VW punkten gerade wegen ihrer spartanischeren Ausstattung und Wendigkeit, 5 m Länge und 2 m Höhe entsprechen zudem Pkw-Maßen, Ausklappdach inklusive. ***Infos:*** *roadsurfer.com | Tel. 089 21 54 16 73 | Basispreis im Sommer ab 135 € pro Tag für den Typ „Beach Hostel".*

**Insider-Tipp**

**Camper-Abo für die lange Auszeit**

*Es lohnt sich evtl., ein gebrauchtes T6.1-Modell für ein halbes Jahr (ab 1249 €/1250 km pro Monat) zu mieten.*

**BEREIT ZUM BORDEN**

Ein Bulli von Roadsurfer am Fährhafen

# Feste & Events

FLAGGENMEER

Der norwegische Nationalfeiertag wird feierlich begangen

## März

**Holmenkollen Skifestival:** 50 000 Norweger in Skikluft toben, grillen und kampieren am ersten oder zweiten Märzwochenende bei Skisprung- und Langlaufwettbewerben in der Nähe von Oslo. Mit etwas Glück triffst du bei diesem beliebten Event sogar Mitglieder des norwegischen Königshauses an! *holmenkollenskifestival.no*

## April

**Inferno Festival:** Metal-, Black-Metal-, Thrash-Metal-, Death-Metal-, Heavy-Metal- und Hardcore-Festival, das vom 1. bis 4. April in Oslo stattfindet. *infernofestival.net*

## Mai

**Maijazz:** Anfang des Monats feiert man in Stavanger den Jazz in 40 Konzerten mit internationalen und norwegischen Top-Jazzern. *maijazz.no*

**Bergen International Festival:** Das Festival um den 20. Mai bis etwa 3. Juni erinnert ein wenig an die berühmten Vorbilder in Edinburgh und Salzburg. Das größte nordische Kulturfest umfasst klassische Musik, Theater und Literatur und findet u. a. in den wunderbaren Hausmuseen von Edvard Grieg (Troldhaugen) und Ole Bull (Lysjøen) statt. *fib.no*. Zeitgleich feiert in der Georgernes Verft in Bergen das **Night Jazz Fes-**

**tival** mit etwa 80 Konzerten die starke norwegische Jazz-Tradition und -Moderne. *nattjazz.no*

## Juni

**Musikfest Oslo:** Am ersten Samstag im Juni begrüßt Oslo den kommenden Sommer mit einem Tag voller Gratiskonzerte auf 40 Bühnen, die meisten davon outdoor. Beinahe jede populäre Musikrichtung wird geboten. *musikkfest.no*

**Nationalfeiertag:** Am 17. Juni ist das ganze Land im Flaggen- und Trachtenrausch – statt Militärparaden ein Fest für Kinder unter royaler Mitwirkung vor dem königlichen Schloss in Oslo. Man feiert die Unterzeichnung der Verfassung am 17. Juni 1814.

**Mittsommerfest:** Die Sommersonnenwende ist für Norweger ein Tag des Singens, Feierns und auch des Trinkens. Am 23. Juni wird das Mittsommerfest (*Sankthans*) praktisch in jedem Ort begangen.

**Gladmat:** Vier Tage lang kreiert Stavangers Restaurantszene Ende Juni Spezialgerichte. *gladmat.no*

*Es gibt kulinarische Führungen auf Englisch.*

## Juli

**Malakoff-Rockfestival:** Wo jahrhundertelang die Armee exerzierte, wummern heute Mitte Juli für drei Tage Rockgitarren. Metall und Pop locken 20 000 Fans nach Nordfjordeid. *malakoff.no*

## August

**Schalentierfestival:** Etwa 60 000 Feinschmecker reisen am zweiten Augustwochenende für vier Tage nach Mandal. Mit Krabbenschäl-WM, Kochkursen für Kinder, Straßenmusik. *skalldyrfestivalen.no*

**Hardanger-Musikfestival:** Klassik und Volksmusik gleichermaßen werden hier Ende August zelebriert. Ullensvang, Kinsarvik, Tyssedal und Lofthus stellen die Hauptbühnen für Konzerte an vier Tagen. *hardangermusikkfest.no*

## September

**By:Larm:** Wer demnächst im Norden den musikalischen Durchbruch schafft, steht im Herbst auf dem dreitägigen Festival und Kongress in Oslo auf der Auftrittsliste. *bylarm.no*

### FEIERTAGE

**1. Jan.** Neujahr

**März/April** Ostern (Gründonnerstag, Karfreitag, Ostermontag)

**1. Mai** Tag der Arbeit

**17. Mai** Nationalfeiertag (Tag der Verfassung)

**April/Mai/Juni** Christi Himmelfahrt

**Mai/Juni** Pfingstmontag

**25./26. Dez.** Weihnachten

# Camper-Packliste

## CAMPINGAUSRÜSTUNG

- ○ Gasflasche (und evtl. Gasinhaltsmesser)
- ○ Frischwasserkanister
- ○ Abwasserschlauch
- ○ Kabeltrommel
- ○ Campingstromadapter
- ○ Auffahrkeile oder Holzbretter als Stütze
- ○ Sanitärflüssigkeit für Campingtoilette (falls vorhanden)
- ○ Toilettenpapier
- ○ Campingstühle und -tisch
- ○ Markise und Vorzelt
- ○ Heringe und Gummihammer
- ○ Handfeger und Schaufel
- ○ Decke und Kopfkissen, alternativ Schlafsack
- ○ Wäscheleine und -klammern
- ○ Campingleuchte oder Laterne
- ○ Taschenlampe oder Stirnlampe
- ○ Taschenmesser
- ○ Duct-Tape
- ○ Handwaschmittel
- ○ Mückenspray, Sonnencreme
- ○ Nagelset (inkl. Pinzette)

**Zusätzlich**

- ○ MARCO POLO Straßenkarte(n)
- ○ Grill (Koffergrill oder Gasgrill)
- ○ Hängematte
- ○ Decke
- ○ Kartenspiele
- ○ Mehrfachsteckdose
- ○ USB-Adapter für Zigarettenanzünder
- ○ Powerbank

## SICHERHEITSAUSRÜSTUNG

- ○ Reiseapotheke
- ○ Verbandskasten (Ablaufdatum beachten)
- ○ Warndreieck und -weste (1 pro Person)
- ○ Feuerlöscher
- ○ Ersatzreifen
- ○ Wagenheber und Radkreuz
- ○ Ersatzkanister und Einfüllstutzen
- ○ Motoröl
- ○ Starthilfekabel
- ○ Abschleppseil
- ○ Werkzeugkasten
- ○ evtl. Ersatzglühbirnen und -sicherungen

## CAMPINGKÜCHE

- ○ Küchenutensilien
- ○ Kühlbox (wenn kein Kühlschrank eingebaut)
- ○ Töpfe, Pfannen
- ○ Besteck inkl. Kochlöffel, Teller, Tassen, Gläser
- ○ (Brot-, Schneide-) Messer
- ○ Tupperdosen (für Reste)
- ○ Sieb
- ○ Reibe
- ○ Dosenöffner
- ○ Flaschenöffner, Weinöffner
- ○ Alufolie
- ○ Schere
- ○ Geschirrtücher, Spülmittel, Lappen, Küchenrolle
- ○ Topflappen
- ○ Müllbeutel
- ○ Kaffeekocher
- ○ Feuerzeug, Streichhölzer

---

## NAHRUNGSVORRAT

- ○ Salz & Pfeffer, Gewürze (z. B. in kleinen Gläsern)
- ○ Öl, Essig
- ○ Kaffee, Tee
- ○ Müsli, Cornflakes
- ○ Brot, Aufstriche
- ○ Vorratslebensmittel (Nudeln, Reis, Linsen)
- ○ Gemüsekonserven: Tomaten, Mais, Kidneybohnen
- ○ Notration Essen (z. B. Dosenravioli)
- ○ Getränke

# Fahrzeug-checkliste

## LÄNGERFRISTIG

- ○ Gasprüfung gültig?
- ○ Grüne Versicherungskarte gültig?
- ○ HU/AU (Haupt- und Abgasuntersuchung) gültig?
- ○ Auflaufbremse geprüft (Fachwerkstatt)?

---

## MITTEL- & KURZFRISTIG

- ○ Was tanken (Benzin/Diesel)?
- ○ Beladungsgrenze/-zustand?
- ○ Welche Reifen für die Destination nötig?
- ○ Winter- bzw. Sommerreifen montiert?
- ○ 12-V-Kabel vorhanden?
- ○ Profiltiefe der Reifen gecheckt?
- ○ Ölstand gecheckt?
- ○ Kühlmittelstand gecheckt?
- ○ Reifendruck gecheckt?
- ○ Öl, Kühlwasser und AUS 32/AdBlue bei Dieselmotor zum Nachfüllen vorhanden?
- ○ Ladezustand Starterbatterie und Wohnraumbatterie gecheckt?
- ○ Toilette an Bord und entleert?
- ○ Wassertank vorhanden und gefüllt?
- ○ Wasserpumpe funktioniert?
- ○ Gasvorrat vorhanden?
- ○ Markise/Sonnensegel/Regenalternative vorhanden?
- ○ Vorzelt nötig?
- ○ Wohnwagen: Elektrostecker funktionieren (Bremslichter und Co)?

---

## VOR DER ABFAHRT

- ○ Dachluke geschlossen?
- ○ Fenster zu?
- ○ (Stand-)Heizung aus?
- ○ Markise eingefahren und gesichert?
- ○ Kühlschrank verriegelt und auf 12 V umgestellt?
- ○ Alles vom Tisch geräumt und gesichert?
- ○ Schubladen/Schränke sicher geschlossen?
- ○ Tische und Stühle sicher verstaut?
- ○ Herdabdeckung zu?
- ○ Gasventil geschlossen?
- ○ 230-V-Kabel getrennt und eingepackt?
- ○ Wasserpumpe abgeschaltet?
- ○ Abwassertank geschlossen?
- ○ Trittstufe eingefahren?
- ○ Stützen eingefahren und Keile verstaut?
- ○ Wassertankdeckel verschlossen?
- ○ Handbremse gelöst?
- ○ Heckgarage abgeschlossen?
- ○ Alle Mitfahrer inklusive Hund an Bord?

**Dann kann's losgehen!**

# Camper-Wörterbuch Norwegisch

## Höflich sein Høflighet

**Hallo / Tschüss** Hallo / Ha det
**Danke** Takk
**Bitte** Værsågod
**Entschuldigung** Unnskyld
**Wie heißt du / Wie heißen Sie?** Hva heter du?
**Mein Name ist ...** Jeg heter ...
**Wie geht es dir / Ihnen?** Hvordan har du det?

## Beim Einkaufen Shopping

**Bäckerei** Bakeri
**Drogerie** Apotek
**Einkaufszentrum** Kjøpesenter
**Markt** Marked
**Metzgerei** Slakteri
**Supermarkt** Supermarked
**Ich hätte gerne ...** Jeg vil gjerne ha ...
**Wie viel kostet das?** Hva koster det?
**bar / Kreditkarte** Kontant / Kredittkort

## Einkaufsliste Innkjøpsliste

**Alufolie** Aluminiumsfolie
**Bier** Øl
**Brot** Brød
**Butter / Margarine** Smør / Margarin
**Essig / Öl** Eddik / Olje
**Eier** Egg
**Gemüse** Grønnsaker
**Marmelade / Honig** Marmelade / Honning
**Milch** Melk
**Müsli** Müsli
**Nudeln / Spaghetti** Pasta / Spagetti
**Obst** Frukt
**Käse** Ost
**Toilettenpapier** Toalettpapir
**Wasser** Vann
**Wein** Vin
**Wurst / Fleisch** Kjøttpålegg / Kjøtt

## Gesund bleiben God helse

**Apotheke** Apotek
**Arzt** Lege
**Desinfizieren** Desinfisere
**Desinfektionsmittel** Desinfeksjonsmiddel
**Durchfall** Diaré
**Fieber** Feber
**Halsschmerzen** Sår hals
**Kopfschmerzen** Hodepine
**Krankenhaus** Sykehus
**Krankenwagen** Sykebil
**Krankenversicherung** Sykeforsikring
**Pflaster** Plaster
**Schmerztabletten** Smertestillende tabletter

## Unterwegs Underveis

**Abschleppen** Tauing
**Autobatterie** Bilbatteri
**Autobahn** Motorvei
**Baustelle** Byggeplass
**Benzin (bleifrei)** Bensin (blyfri)

**Bremslicht** Bremselys
**Diesel** Diesel
**Ersatzreifen** Reservehjul
**Führerschein** Førerkort
**Getriebe** Girkasse
**Luftdruck** Luttrykk
**Maut** Bompenger
**Öl** Olje
**Ölwechsel** Oljeskift
**Panne** Driftsproblemer
**Parkplatz** Parkeringsplass
**Reifen** Dekk
**Reifenschaden** Dekkskader
**Sackgasse** Blindgate
**Schotterstraße** Grusvei
**Starthilfekabel** Startkabel
**Strafzettel** Bot
**Tankanzeige** Bensinmåler
**Tankstelle** Bensinstasjon
**Temperaturanzeige** Temperaturindikator
**Umleitung** Omkjøring
**Wagenheber** Jekk
**Warndreieck** Varseltrekant
**Wassertank** Vanntank
**Werkstatt** Verksted
**Werkzeug** Verktøy
**Zoll** Toll

## Auf dem Campingplatz
## Campingplass

**Abwasser** Spillvann
**Batterie** Batteri
**Brennspiritus** Rødsprit
**Campingplatz** Campingplass
**Dosenöffner** Boksåpner
**Dusche** Dusj
**Elektroanschluss** Strømtilkobling
**Flaschenöffner** Flaskeåpner
**Frischwasser** Ferskvann
**Gabel** Gaffel
**Gasflasche** Gassflaske
**Gaskocher** Gasskomfyr
**Geschirrspülbecken** Vask
**Grillen** Grille
**Grillkohle** Grillkull
**Hammer** Hammer
**Hering** Teltplugg
**Hunde erlaubt / nicht erlaubt** Hunder tillatt / forbudt
**Kerze** Stearinlys
**Korkenzieher** Korketrekker
**Lagerfeuer** Leirbål
**Leihen** Utleie
**Löffel** Skje
**Messer** Kniv
**Müll** Søppel
**Petroleumlampe** Parafinlampe
**Pool** Basseng
**Schlafsack** Sovepose
**Schmutzwasser** Avløpsvann
**Sonnencreme** Solkrem
**Steckdose** Stikkontakt
**Streichhölzer** Fyrstikker
**Strom** Strøm
**Stromanschluss** Strømtilkobling
**Taschenlampe** Lommelykt
**Taschenmesser** Lommekniv
**Toilette** Toalett
**Trinkwasser** Drikkevann
**Vorzelt** Fortelt
**Wäscheklammer** Klesklype
**Wasser (kalt / warm / heiß)** Vann (kald / varm / glovarm)
**Wasseranschluss** Vanntilkobling
**WLAN** Wi-Fi
**Wohnmobil** Bobil
**Wohnwagen** Campingvogn
**Zelt** Telt
**Zeltstange** Teltstang
**Zeltschnur** Teltsnor

# Urlaubsfeeling

## Playlist

▶ **Kaizers Orchestra – Ompa til du dør**
Das erste Album der Kultband mit der Humppa-Musik war auch international ein Hit.

▶ **Evig Ferie – Surf**
Der Gitarren-Wave auf dem Debütalbum „Seint ute" der vier Gen-Z-Typen von Evig Ferie ist ideal fürs Fahren.

▶ **Einherjer – Dragons of the North**
Klassiker der norwegischen Metal-Szene von drei Wikingern aus Haugesund

▶ **Arvvas – Drench My Soul**
Duett von Sami-Sängerin Sara Mariella Gaup und Jazz-Kontrabassist Steinar Raknes: Joik-Gesang trifft Tom Waits.

▶ **Jan Garbarek/The Hilliard Ensemble – Remember Me, My Dear**
Die sphärische Musik des populären Saxofonisten und des britischen Vokalquartetts genießt weltweit Kultstatus.

Den Soundtrack zum Urlaub gibt's auf **Spotify** unter **MARCO POLO Norway**

## Lesestoff & Filmfutter

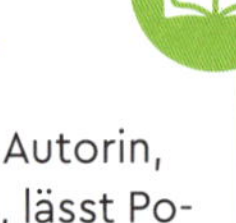

**Ein kalter Fall –** Anne Holt, Autorin, Anwältin und Ex-Politikerin, lässt Polizistin Hanne Wilhelmsen nach den Breivik-Morden im Zwiespalt einer säkularen Gesellschaft mit islamisch geprägten Zuwanderern ermitteln (2015).

**Sofies Welt –** Jostein Gaarders Roman ist eine unterhaltsame Einführung in die Philosophie, gedacht nicht nur für junge Leser wie die 15-jährige Protagonistin (1993).

**Lykkeland (State of Happiness)**
Wie wurde aus dem armen Fjordland der nachhaltig reichste Staat der Erde? Die drei Staffeln umfassende Serie beginnt 1969 mit dem Ölfund vor Stavanger und betrachtet Norwegens Entwicklung gesellschaftlich und politisch. Jede Staffel deckt vier Jahre ab und folgt Protagonisten zwischen1969 und 1990 (2018–2024).

**Oslo, 31. August –** Oslos klares Sommerlicht kontrastiert mit dem düsteren letzten Tag von Anders, der durch die Yuppieszene zieht, bevor er stirbt. Regisseur Joachim Trier bringt Mittelstandsfrust oscarreif auf die Leinwand (2011).

## Apps, Blogs, Websites & Videos

**Park4Night**
Stellplatz-App von Campern für Camper, um schöne Stellplätze auch ganz spät noch punktgenau zu finden. Kostenlos im Online-Modus, 9,99 € für die Offline-Version

**nordlandblog.de/norwegen**
Der Blog eines in Nordeuropa umtriebigen Paares besticht durch Informationen über jeden Reiseaspekt: Routen, Wanderungen, Stell- und Campingplätze mit GPS-Codes. Mit Herzblut erzählt und fotografiert.

**visitnorway.com**
Die offizielle Tourismus-Seite leuchtet anschaulich jeden Winkel des Landes aus. Auch als kostenlose App.

**youtube.com/watch?v=Jp1moINn_y4**
Das 35-minütige Video zeigt drei Wochen Camperreise zwischen Hirtshals und Bergen (2000 km). Gekonnt gestaltet, mit Karten.

**nasjonaleturistveger.no/de**
Kommunen, Architekten und Ingenieure haben in Südnorwegen zwölf beschilderte Routen mit Rastplätzen, Toiletten und spektakulären Aussichtsplattformen bestückt. Jeder Stopp wird beschrieben.

**yr.no**
Unvorhersagbares Wetter gibt's für den fast legendären Wetterdienst vom Meteorologischen Institut nicht!

**WEGTRÄUMEN?**

**Mit Playlist, Lesestoff und Filmen den Urlaub aufleben lassen**

# Register

## Impressum

**Titelbild:** Geiranger Fjord (mauritius images/Alamy: Alexander Nikiforov)
**Fotos:** Freepik.com (14); iStock.com: apomares (207), Baloncici (182), Bee-individual (208), GMVozd (Klappe innen hinten), Koldunov (213), Ladiras (128), leonardospencer (15), mariannehoy (12), naumoid (176), Thomas Overbo (178), ROMAOSLO (180), Adam Smigielski (11), zoroasto (134); Martin Müller (6, 16, 17, 18/19, 22, 27, 28, 31, 32, 38, 40, 42, 48, 51, 52, 55, 56, 67, 68, 70, 75, 79, 80, 82, 84, 86, 88, 94, 97, 102, 104, 106, 108, 110, 112, 117, 118, 121, 122, 126, 136, 141, 145, 146, 149, 150, 152, 154, 156, 158, 160, 162, 164, 166, 171, 175, 187, 188, 201, 203, 215); Shutterstock.com: Anetlanda (58), aquatarkus (47), Andrey Armyagov (Klappe innen vorne), balipadma (36), Blue Planet Studio (98), Bpfoto (195), Yuriy Chertok (60), designium (172), dibrova (124), DisobeyArt (4/5), giedre vaitekune (184), Laurens Hoddenbagh (100), JaHu83 (204), Jana Janina (130), Kjersti Joergensen (62), NAPA (93), saiko3p (8), T. Marek (64), Michal Stransky1 (132), Lilian Tveit (34)

2., aktualisierte Auflage 2024

Autor: Martin Müller
Lektorat & Bildredaktion: Ronit Jariv, derschönstesatz
Kartografie: © KOMPASS-Karten GmbH, kompass.de unter Verwendung von © OpenStreetMap Contributors, osm.org/copyright
Gestaltung Umschlag & Layout: Sofarobotnik, Augsburg & München
Übersetzung Camper-Wörterbuch: Baltic Media
Printed in Italy

**Lob oder Kritik? Wir freuen uns auf deine Nachricht!**
Trotz gründlicher Recherche schleichen sich manchmal Fehler ein. Wir hoffen, du hast Verständnis, dass der Verlag dafür keine Haftung übernehmen kann. Wir freuen uns aber, wenn du uns schreibst: MARCO POLO Redaktion • MAIRDUMONT • Postfach 31 51 • 73751 Ostfildern • info@marcopolo.de

MARCO POLO AUTOR
**Martin Müller**
Seit Jahrzehnten hat der Journalist und Fotograf das Land im Fokus – auf Langlaufskiern durch Jotunheimen, im Seekajak von Geiranger nach Ålesund, mit dem Wohnmobil oder elektrisch im Tesla durch Fjordnorwegen. Seine Reportagen über Kulinarik, Architektur oder Eisklettern beleuchten sowohl die kreative Seite der Nordländer als auch das *friluftsliv*, die Liebe zum Leben in dramatischer Natur, die er mit den Einheimischen teilt.

# Bloß nicht ...

## *In der Schlange drängeln*

Manchmal stehst du auch in Norwegen in einer Warteschlange. Dann warte bitte, drängle keinesfalls und unterlass missmutige Bemerkungen – auch weil man Deutsch versteht.

## Nackt in die Sauna gehen

In Deutschland oder auch Finnland geht man nackt in die Sauna, in Norwegen nicht unbedingt. Stell dich also auf Saunieren mit Handtuch oder Badekleidung ein.

## DEN VERKEHR AUFHALTEN

Kaum hast du dich an die strengen Geschwindigkeitsbegrenzungen gewöhnt, wirst du für etliche Norweger zu langsam. Besonders in Tunneln und bei Strecken mit landschaftlichen Hinguckern fallen ausländische Womo-Urlauber gern in ein Schneckentempo, das Norweger schon mal verärgert. Wenn sich also hinter dir mehrere Autos stauen, solltest du den Verkehr passieren lassen.

## ANGELBEUTE SCHMUGGELN

Schon die Hansekaufleute standen vor Jahrhunderten im Ruf, Norwegen um seine Fischbestände zu erleichtern. Heute schreibt man das angelnden Wohnmobilisten zu – besonders deutschen –, weshalb die Quoten immer knapper werden. 18 kg Fischausfuhr sind zollfrei – geangelt mit registriertem Fischereibetrieb (Ausfuhr maxmal zweimal im Jahr). Jedes Gramm mehr bedeutet Schmuggel und wird mit einem hohem Bußgeld bestraft.

## *Kampieren trotz Verbotsschild*

An den schönsten Stellen zum Übernachten haben die Parkplätze manchmal ein Verbotsschild für Wohnmobile. Und trotzdem kampieren dort Womofahrer, weil sie meinen, das seit 1957 festgelegte Jedermannsrecht (Norw. *allemannsretten*) gäbe ihnen das Recht dazu. Das stimmt so nicht. Als man die freie Nutzung der Natur regelte, hatte man Wanderer und Beerensammler im Sinn, nicht aber motorisierte Fahrzeuge. Und auch ohne Verbotsschild musst du einen Abstand von 150 m zum nächsten Haus wahren.